_____ 님의 소중한 미래를 위해
이 책을 드립니다.

처음 **쿠바**에
가는 사람이
가장 알고 싶은 것들

처음 쿠바에 가는 사람이 가장 알고 싶은 것들

잊을 수 없는 내 생애 첫 쿠바 여행

| 남기성 지음 |

원앤원 스타일

원앤원스타일 우리는 책이 독자를 위한 것임을 잊지 않는다.
우리는 독자의 꿈을 사랑하고,
그 꿈이 실현될 수 있는 도구를 세상에 내놓는다.

처음 쿠바에 가는 사람이 가장 알고 싶은 것들

초판 1쇄 발행 2015년 4월 14일 | **초판 2쇄 발행** 2016년 7월 10일 | **지은이** 남기성
펴낸곳 ㈜원앤원콘텐츠그룹 | **펴낸이** 강현규·박종명·정영훈
책임편집 최윤정 | **편집** 김효주·주효경·민가진·유채민·이은솔
디자인 최정아·김혜림·홍경숙 | **마케팅** 송만석·서은지·김서영
등록번호 제301-2006-001호 | **등록일자** 2013년 5월 24일
주소 100-826 서울시 중구 다산로 16길 25, 3층(신당동, 한흥빌딩) | **전화** (02)2234-7117
팩스 (02)2234-1086 | **홈페이지** www.1n1books.com | **이메일** khg0109@1n1books.com
값 15,000원 | **ISBN** 978-89-6060-431-5 13980

원앤원스타일은 ㈜원앤원콘텐츠그룹의 건강·취미·여행·실용 브랜드입니다.
잘못 만들어진 책은 구입하신 서점에서 교환해 드립니다.
이 책을 무단 복사, 복제, 전재하는 것은 저작권법에 저촉됩니다.

이 도서의 국립중앙도서관 출판시도서목록(CIP)은 e-CIP홈페이지(http://www.nl.go.kr/ecip)에서 이용하실 수 있습니다.(CIP제어번호 : CIP2015009507)

나의 모히또(칵테일의 종류)는
라 보데기따 델 메디오(쿠바 아바나의 선술집)에 있다.

• 쿠바를 사랑했던 작가 어니스트 헤밍웨이 •

지은이의 말

앤틸 열도의 진주,
쿠바 6박 7일 여행법

한국에서 22시간의 긴 비행을 해야만 겨우 도착하는 나라, 긴 비행의 고단함을 설렘과 흥분으로 바꾸어주는 나라, 콜럼버스가 "지상 최대의 아름다운 낙원"이라고 칭송한 나라, 바로 쿠바다.
나라 전체가 하나의 박물관인 곳이 또 있을까? 쿠바는 시간이 흐르는 듯하면서도 멈추어 있고, 멈추어 있는 듯하면서도 여유를 가진 나라다. 세계에 얼마 남지 않은 공산국가로 고립된 이미지가 있지만 쿠바는 오히려 그들만의 당당한 멋스러움을 간직하고 있다. 그리고 이 열정은 여행자에게 고스란히 전해진다.

2000년, 설렘 반 두려움 반으로 처음 찾은 쿠바는 공항에서부터 나를 경직시켰다. 녹색 군복을 입은 군인들이 나를 감시하는 듯했고, 거리마다 경찰들이 무리 지어 있었다. 하지만 첫인상과는 달리 관광수입이 주소득인 쿠바의 치안은 의외로 안전했고, 여행자로서 쿠바인들의 삶에도 편하게 다가갈 수 있었다. 그러니 쿠바 여행을 계획하며 이 책을 읽는 독자들은 쿠바를 첫 여행지로 선택한 것에 대해 두려움을 갖지 않길 바란다.
보통 해외여행을 떠나게 되면 여행자들은 그 나라가 주는 설렘과 아름다움에 앞서 이런저런 걱정을 한다. '위험하지는 않을까?' '먹는 것은 어떻게 해결하지?' '교통편은 잘 갖추어져 있나?' '그 나라말은 한마디도 할 줄 모르는데 의사소통은 어떻게 하지?' 하지만 그런 두려움을 극복하지 못하면 여행의 참된 즐거움을 알 수 없다. 잠시 걱정거리를 접어두고 주변을 둘러보자. 낯선 여행지가 주는 멋스러움에 어느새 두려움은 사라지고 여행지의 진짜 모습이 매력적으로 다가올 것이다.

나는 배낭 하나 메고 쿠바를 찾는 사람들이 쿠바의 진짜 모습을 볼 수 있도록 조금이나마 도움을 주고자 이 책을 썼다. 언어가 통하지 않더라도 이 책의 일정만 따라간다면 쿠바 여행을 하는 데 전혀 문제가 없을 것이다.

나에게 쿠바는 10년이라는 세월 동안 가장 가까운 곳에 있었던 나라였지만, 한국의 여행자들에게는 멀고도 막연한 두려움이 존재하는 나라다. 그래서 이 책을 쓰며 나는 철저히 여행자의 시각에서 쿠바에 접근하고자 했다. 처음 쿠바에 갔을 때를 회상하며 가장 필요하고 절실했던 것이 무엇이었는지 떠올려 여행자의 가려운 부분을 긁어주려고 노력했다. 이렇게 하루 종일 걷고 묻고 고민했던 과정들이 쿠바 여행을 계획하는 여행자들에게 큰 도움이 될 것이라 확신한다.

물론 쿠바에는 이 책에서 보여주지 못한 아름다운 비밀장소들이 더 많다. 또 다른 비밀장소로의 보물찾기는 여러분의 몫이다. 여행은 낯선 자신과의 만남이며 비움과 채움의 과정이라고 한다. 당신 앞에는 쿠바 여행을 통해 새로운 자신과 만날 수 있는 기회가 펼쳐져 있고, 모든 것을 비우고 떠난 쿠바 여행에서 완전한 채움으로 돌아올 수 있는 설레는 가능성이 놓여 있다. 쿠바가 선사하는 벗겨진 회칠 하나의 아름다움까지 느낄 수 있길 바란다.

내가 가까이에서 보고 느끼며 함께 살아온 쿠바의 내면을 글로 표현할 수 있는 기회를 준 원앤원콘텐츠그룹에 진심으로 감사드린다. 또한 늘 지칠 때마다 항상 긍정의 힘으로 웃음을 준 사랑스런 아내와 아이들에게 감사하다. 그리고 쿠바를 찾을 때마다 나와 함께 동행해주고 현지의 생활을 진솔하게 보여준 현지의 그리운 친구들에게도 감사를 전한다.

남기성

지은이의 말 앤틸 열도의 진주, 쿠바 6박 7일 여행법 006

PART 1
쿠바, 내 생애 첫 여행

01 쿠바 기본 정보 016

02 쿠바 여행 준비 020
여권 및 비자 | 항공권 구입 | 숙소 예약하기 | 여행자 보험 | 환전하기 | 여행 짐 꾸리기 | 면세점 이용하기 | 쿠바 여행 정보 사이트

03 쿠바 떠나볼까? 028
출국 절차(인천국제공항 출발 기준) | 입국 절차(호세마르띠국제공항 도착 기준)

04 쿠바 교통정보 034
아바나 철도 | 버스 | 택시 | 시티투어 버스

PART 2
쿠바, 6박 7일간의 여행기

1장 첫째 날, 아바나 비에하와 센뜨로 아바나를 걷다

01 생동감 넘치는 쿠바의 명동, 오비스뽀 거리 046
오비스뽀 거리, 어떻게 가야 할까? | 오비스뽀 거리, 어떻게 돌아보지?

02 쿠바의 역사를 담은 문화의 중심지, 아르마스 광장 052
아르마스 광장, 어떻게 가야 할까? | 아르마스 광장, 어떻게 돌아보지?

03 노천카페의 멋이 가득한 명소, 비에하 광장 058
비에하 광장, 어떻게 가야 할까? | 비에하 광장, 어떻게 돌아보지?

04 위용을 자랑하는 옛 국회의사당, 까삐똘리오 064
까삐똘리오, 어떻게 가야 할까? | 까삐똘리오, 어떻게 돌아보지?

05 쿠바에서 가장 유명한 시가 공장, 빠르따가스 070
빠르따가스, 어떻게 가야 할까? | 빠르따가스, 어떻게 돌아보지?

쿠바, 무엇을 먹을까?
스페인의 영향이 남아 있는 쿠바식 빠에야 식당, 라 빠에야 076
라 빠에야, 어떻게 가야 할까?

아주 특별한 쿠바
쿠바 최고의 아이스크림 가게, 꼬뻴리아 080
꼬뻴리아, 어떻게 가야 할까?

2장 둘째 날, 역사 속에 남겨진 쿠바의 자존심

01 체 게바라의 흔적이 가득한 혁명 성지, 혁명 광장 088
혁명 광장, 어떻게 가야 할까? | 혁명 광장, 어떻게 돌아보지?

02 쿠바 독립 영웅을 추모하다, 호세 마르띠 기념탑과 기념관 094
호세 마르띠 기념관, 어떻게 가야 할까? | 호세 마르띠 기념관, 어떻게 돌아보지?

03 쿠바 교육의 살아 있는 현장, 아바나 대학교 100
아바나 대학교, 어떻게 가야 할까? | 아바나 대학교, 어떻게 돌아보지?

04 아바나의 낭만 가득한 산책 명소, 말레꼰 106
말레꼰, 어떻게 가야 할까? | 말레꼰, 어떻게 돌아보지?

05 카리브 해의 쿠바 지킴이, 산 까를로스 까바냐 요새 114
산 까를로스 까바냐 요새, 어떻게 가야 할까? | 산 까를로스 까바냐, 요새 어떻게 돌아보지?

> 쿠바, 무엇을 먹을까?

다양한 요리를 즐길 수 있는 쿠바 대표 레스토랑, 엘 뜨로페오 120
엘 뜨로페오, 어떻게 가야 할까?

> 아주 특별한 쿠바

01 맛있는 오비스뽀 거리, 길거리 음식 정복 124
오비스뽀 거리, 무엇을 먹어볼까?

02 베다도 지역 최고의 핫도그, 라 까사 데 뻬로 126
라 까사 데 뻬로, 어떻게 가야 할까?

3장 셋째 날, 체 게바라가 잠든 도시 산따끌라라 (아바나 근교 여행 1)

01 아바나에서 산따끌라라 가기 132
산따끌라라로 이동하기 | 산따끌라라에 도착해서 | 산따끌라라 교통수단 | 산따끌라라 숙소

02 체 게바라가 잠들어 있는 곳, 체 게바라 기념관 136
체 게바라 기념관, 어떻게 가야 할까? | 체 게바라 기념관, 어떻게 돌아보지?

03 쿠바혁명의 분기점이 된 곳, 장갑열차 기념비 144
장갑열차 기념비, 어떻게 가야 할까? | 장갑열차 기념비, 어떻게 돌아보지?

04 산따끌라라의 심장이자 상징인 곳, 비달 공원 150
비달 공원, 어떻게 돌아보지?

쿠바, 무엇을 먹을까?

01 쿠바에서 맛보는 중국 요리, 엘 치니또 154
엘 치니또, 어떻게 가야 할까?

02 현지인이 가장 많이 찾는 레스토랑, 레스따우란떼 알만쎄르 158
레스따우란떼 알만쎄르, 어떻게 가야 할까?

아주 특별한 쿠바

산따끌라라에서의 달콤한 여유, 라 델 초꼴라떼 162

4장 넷째 날, 가장 쿠바다운 카리브 해 뜨리니다드 (아바나 근교 여행 2)

01 산따끌라라에서 뜨리니다드 가기 168
뜨리니다드로 이동하기 | 뜨리니다드에 도착해서 | 뜨리니다드 교통수단 | 뜨리니다드 숙소

02 신비로움 가득한 뜨리니다드의 중심, 마요르 광장 172
마요르 광장, 어떻게 돌아보지?

03 가장 쿠바다운 카리브 해, 안꼰 해변 176
안꼰 해변, 어떻게 가야 할까? | 안꼰 해변, 어떻게 돌아보지?

아주 특별한 쿠바

뜨리니다드 최고의 칵테일, 깐찬차라 182
깐찬차라 바, 어떻게 가야 할까?

5장 다섯째 날, 오늘 하루 헤밍웨이로 살아보자

01 뜨리니다드에서 아바나 가기 190
아바나로 이동하기(비아술 버스 이용) | 아바나로 이동하기(여행사 밴 이용) | 아바나에 도착해서 | 아바나 숙소

02 헤밍웨이의 체취를 느낀다, 헤밍웨이 박물관 194
헤밍웨이 박물관, 어떻게 가야 할까? | 헤밍웨이 박물관, 어떻게 돌아보지?

03 〈노인과 바다〉의 배경이 된 그곳, 꼬히마르 202
꼬히마르, 어떻게 가야 할까? | 꼬히마르, 어떻게 돌아보지?

04 해 질 녘 헤밍웨이와 다이끼리 칵테일, 라 플로리디따 208
라 플로리디따, 어떻게 가야 할까? | 라 플로리디따, 어떻게 돌아보지?

05 헤밍웨이의 숙소이자 작업실, 암보스 문도스 호텔 214
암보스 문도스 호텔, 어떻게 가야 할까? | 암보스 문도스 호텔, 어떻게 돌아보지?

06 헤밍웨이와 함께하는 모히또 칵테일, 라 보데기따 델 메디오 220
라 보데기따 델 메디오, 어떻게 가야 할까? | 라 보데기따 델 메디오, 어떻게 돌아보지?

쿠바, 무엇을 먹을까?

01 쿠바 음식을 가장 저렴하게 먹을 수 있는 곳, 오리엔떼 정원 226
오리엔떼 정원, 어떻게 가야 할까?

02 쿠바 차이나타운의 맛집, 라 플로르 데 로또 230

6장 여섯째 날, 독특한 자연경관을 지닌 비냘레스 (아바나 근교 여행 3)

01 아바나에서 비냘레스 가기 236
비냘레스로 이동하기 | 비냘레스에 도착해서 | 비냘레스 교통수단 | 비냘레스 숙소

02 인류의 진화 과정 유적지, 선사 벽화 240
선사 벽화, 어떻게 가야 할까? | 선사 벽화, 어떻게 돌아보지?

03 비냘레스의 매력적인 얼굴 마담, 비냘레스 계곡과 모고테 형제 246
모고테 형제, 어떻게 가야 할까? | 모고테 형제, 어떻게 돌아보지?

04 세월의 깊이가 느껴지는 석회암 동굴, 인디오 동굴 250
인디오 동굴, 어떻게 가야 할까? | 인디오 동굴, 어떻게 돌아보지?

쿠바, 무엇을 먹을까?

비냘레스의 정통 레스토랑, 까사 돈 또마스 254
까사 돈 또마스, 어떻게 가야 할까?

7장 마지막 날, 굿바이 쿠바!

01 비냘레스에서 아바나 가기 262
아바나로 이동하기 | 아바나에 도착해서

02 간단한 선물을 고르기 좋은 곳, 민속 공예품 시장 264
베다도 지역 공예품 시장, 어떻게 가야 할까? | 베다도 지역 공예품 시장, 어떻게 돌아보지? | 오비스뽀 거리 공예품 시장, 어떻게 가야 할까? | 오비스뽀 거리 공예품 시장, 어떻게 돌아보지?

03 예술혼 가득한 쿠바 속의 아프리카, 아멜 거리 270
아멜 거리, 어떻게 가야 할까? | 아멜 거리, 어떻게 돌아보지?

아주 특별한 쿠바

세계 최고급 쿠바 커피 한 잔, 까페 엘 에스꼬리알 274
까페 엘 에스꼬리알, 어떻게 가야 할까?

PART 3
쿠바, 이것이 더 알고 싶다

01 가고 싶은 쿠바, 영화 속 그곳 282
아이스크림 가게 꼬뻴리아를 알린 영화 | 부에나 비스타 소셜 클럽을 알린 영화 | 까삐똘리오를 배경으로 한 영화

02 아바나 최고의 재즈클럽, 라 소라 이 엘 꾸에르보 286
라 소라 이 엘 꾸에르보, 어떻게 가야 할까?

03 부에나 비스타 소셜 클럽의 공연장, 1930살롱 288
1930살롱, 어떻게 가야 할까?

04 이것만은 알고 출발하자, 간단 스페인어! 292

『처음 쿠바에 가는 사람이 가장 알고 싶은 것들』 저자와의 인터뷰 298

특별 부록   쿠바와 아바나 상세 지도 298

Part 1

쿠바,
내 생애 첫 여행

쿠바는 원래 수천 년 전부터 시보네이 족(Ciboney), 과나아따이베이 족(Guanajatabey), 따이노 족(Taíno) 등 원주민들이 농경을 영위하며 살았던 곳이다. 하지만 1492년 크리스토퍼 콜럼버스가 쿠바에 첫발을 디딘 이후 스페인은 본격적으로 쿠바로 손을 뻗쳤고, 결국 1514년 스페인이 쿠바의 전 지역을 정복한다. 1898년 스페인 식민지에서 독립할 때까지 쿠바는 구대륙에서 들어오는 수입품을 신대륙으로 공급하는 교통의 요충지 역할을 했다.

16세기 초 부족한 노동력을 채우기 위해 스페인이 아프리카에서 쿠바로 이주시킨 흑인 노예가 19세기에 오면 거의 100만 명에 이르게 된다. 그러다 1868년 노예제도 폐지를 주장하며 쿠바의 제1차 독립전쟁이 발발했고, 스페인이 노예해방을 약속하며 10년 전쟁은 일단락되는 듯했다. 하지만 스페인은 약속을 제대로 이행하지 않았고 결국 호세 마르띠를 중심으로 1895년에 제2차 독립전쟁이 다시 일어났다.

스페인은 쿠바의 자치를 인정하지 않고 강경 대응을 하며 쿠바 독립군을 무자비하게 탄압했다. 그러다 아바나 항에 정박되어 있던 미국 군함 메인호가 원인불명으로 폭발하고 이 사건을 계기로 미국이 전쟁에 개입하게 된다. 이를 미서전쟁(미국·스페인 전쟁)이라고 하는데, 전쟁은 미국의 승리로 마무리되었고 그 결과 미국은 스페인으로부터 쿠바를 이양받아 관타나모에 미 해군기지를 설치한다. 사실상 쿠바는 미국의 식민지로 전락하게 된 것이다. 이러한 상황이 1934년까지 이어진다.

형식적으로 미국은 1920년 에스트라다 팔마를 쿠바 최초의 대통령으로 추대해 쿠바 공화제 정부를 수립한다. 그러나 이후 부정 독재 정권이 계속된다. 1933년 쿠데타로 자유당의 바티스타 정권이 들어서지만 미국과의 결탁으로 부패정치가 만연하고 독재 정치를 일삼는다. 결국 1959년 피델 까스뜨로가 혁명을 일으켜 정권을 장악

하게 되고, 1961년 미국과 국교를 단절한다. 그리고 사회주의를 표방해 쿠바공산국을 천명한다. 이때 단절되었던 미국과의 국교는 53년 만인 2014년이 되어서야 정상화란 급물살을 맞이한다.

이런 역사적 질곡을 간직한 쿠바는 북쪽으로는 미합중국의 플로리다 주, 동쪽으로는 아이티, 서쪽으로는 멕시코, 남쪽으로는 자메이카와 이웃한다. 쿠바의 면적은 대한민국보다 조금 큰 11,860km²다. 아메리카 대륙의 지도를 펼쳤을 때 초승달을 엎어 놓은 듯한 모양으로 플로리다 주 남쪽 아래로 길게 누워 있는 섬나라다.

Tip.

쿠바의 인구 구성은 어떻게 될까? 흑인이 많을까? 그렇지 않다. 우리는 쿠바를 보통 흑인의 나라로 알지만 실제적인 구성비는 백인과 흑인의 혼혈인 물라토(mulato)가 37%, 유럽계 백인이 51%, 흑인은 11%다. 스페인이 쿠바를 지배하는 500여 년 동안 쿠바 원주민 인디오를 멸종시키면서 스페인에서 건너온 백인 정착민과 아프리카에서 건너온 흑인 이주민을 위주로 인구가 늘어났기 때문이다. 쿠바의 거리를 다니다 보면 흑인이 많이 보이기는 하지만 실제적으로는 백인 구성비가 더 높은 나라다.

▶ **공식 명칭**: 쿠바공화국(República de Cuba)

▶ **수도**: 아바나(Habana)

▶ **언어**: 스페인어

▶ **기후**: 연교차가 작은 열대성 기후에 속하며, 사면이 바다로 둘러싸인 섬나라이기 때문에 습도가 높은 편이다. 11~4월까지는 건기, 5~10월까지는 우기다. 연평균 기온은 25.5℃로 여름(6~9월)의 평균 기온이 약 27℃, 겨울(12~2월)의 평균 기온이 약 23℃다. 이렇듯 일 년 내내 온도의 변화가 크지 않은 편이며 연중 무더운 열대기후가 나타난다. 특히 6월에서 9월 초에는 낮 최고기온이 35℃까지 치솟고 습도가 80%에 이를 정도로 습윤하다. 12월에서 2월의 기후는 온난한 편이지만 난방 시설이 없는 곳이 대부분이기 때문에 추울 때 입을 수 있게 보온 가능한 옷을 가져가는 편이 좋다.

쿠바 날씨 정보: www.met.inf.cu 또는 freemeteo.kr

▶ **시차**: 한국보다 14시간 느리다. 서머타임(3~11월)이 있다.

▶ **항공**: 약 22시간 소요

▶ **통화**: 쿠바에서 사용되는 돈은 두 종류(CUC·CUP)다. 이중화폐로 외국인용 CUC(쎄우쎄 또는 꾹이라고 읽음), 내국인용 CUP(쎄우뻬 또는 모네다 나시오날이라고 읽음)이 있다. 하지만 그렇다고 해서 CUC은 외

Tip.

쿠바 돈의 가치는 어느 정도일까? 간단하게 비교하자면 '1USD=1천 원=1CUC=25CUP'이다. 다시 말해 우리나라 돈으로 1CUC은 1천 원 정도, 1CUP은 40원 정도다. 쿠바에서는 CUC과 CUP을 반드시 구분해서 사용해야 한다. 바코드가 있는 물건(가게의 담배, 음료수, 과자 등)은 CUC만을 사용해야 하고, 바코드가 없는 농산물이나 길거리 음식 등은 CUC과 CUP을 사용할 수 있다.

국인만 사용하고 CUP은 쿠바인만 사용해야 한다고 엄격하게 지켜지는 것은 아니다. 단, 외국인이 쿠바에 있는 환전소에서 CUP로 직접 바꿀 수는 없고, CUC으로 환전한 후 CUC을 가지고 CUP로 환전해야 한다.

▶ 전압: 보통 110V/60Hz를 사용한다. 일부 호텔이나 까사(민박)에서는 우리나라처럼 동그란 2개의 핀이 부착된 플러그가 사용되지만 220V가 아니기 때문에 220V를 110V로 바꿔주는 멀티 어댑터를 준비해야 한다. 공항에서도 구입 가능하니 꼭 챙기도록 한다.

▶ 물: 수돗물은 석회물이기 때문에 생수를 구입해 마시는 것이 좋다.

▶ 의료 서비스: 쿠바의 의료 서비스는 국제적인 수준이다. 일부 응급 진료를 무료로 받을 수 있지만 한국에서 출발하기 전 여행자 보험에 가입하는 것이 좋다. 또한 2010년 5월부터 입국시 여행자 보험증서를 요구하기도 한다. 없으면 그 자리에서 건강보험에 가입해야 하는 경우도 있다.

응급 의료 서비스: 26811

▶ 치안: 다른 중남미 국가에 비해 대체적으로 안전한 곳이다. 단, 대중이 운집한 장소나 밤에는 소매치기를 조심해야 한다. 가방을 소지하고 다닐 때는 크로스 가방이 좋고, 크로스 가방이 없이 작은 배낭을 메고 다닐 때는 허리를 잠글 수 있는 가방이 안전하다.

Tip.
식당이나 길거리 음식을 먹고 나서 돈을 낼 때 CUC과 CUP 중 무엇으로 내야 하는지 어떻게 구분할까? 메뉴판 숫자 뒤에 CUC이라고 적혀 있으면 CUC으로 지급해야 하고, 숫자 뒤에 M/N(모네다 나시오날)이라고 적혀 있으면 CUP로 지급한다. 하지만 여행자들을 대상으로 속이는 경우도 많으니 영수증을 잘 확인해봐야 한다. 또한 돈을 낼 때도 CUC과 CUP를 혼동하는 일이 없도록 하자.

1. 여권 및 비자

■ 여권 만들기

여권발급신청서(또는 간이서식지), 여권용 사진 1매(6개월 이내에 촬영한 사진으로 전자여권이 아닌 경우 2매), 신분증을 지참하고 발급기관을 방문해서 직접 신청하면 된다. 2013년 12월 1일부터 국내 17개 여권사무 대행기관에서 간소화한 과정으로 여권을 발급받을 수 있으니, 외교부 여권 안내 홈페이지(www.passport.go.kr)를 참조하자. 여권을 찾을 때 직접 방문하지 않고 우편 수령이 가능한 곳도 있으며, 여권 발급시 해당 기관에 문의하면 된다.

여권 발급처: 전국에 236개의 여권사무 대행기관이 있다. 주민등록지와 상관없이 전국 어디에서나 접수 가능하다.

여권 발급 수수료: 단수 여권(1년 이내) 2만 원, 복수 여권(5년 초과 10년 이내) 5만 3천 원

■ 비자 만들기

북한과 같은 공산주의 국가라 여행금지국가인 줄 알고 있는 사람이 많지만 대한민국 국민이 쿠바에 들어가는 것에는 아무런 제약이 없다. 관광 목적인 경우 쿠바 방문을 위해 별도의 신고나 허가를 받을 필요가 없고, 미국과 외교관계를 맺은 나라의 국민에게도 관광 목적의 방문일 경우 비자를 요구하지 않는다. 다만 쿠바 입국 시 별지 비자 형태로 여행자카드(Tarjeta del Turista)를 발급받아야 한다. 항공사에 따라 항공권에 여행자카드가 포함되어 있는 경우도 있지만 반드시 확인해야 한다(AIR CANADA 이용시 기내에서 나눠준다). 만약 포함되어 있지 않으면 쿠바행 비행기가 출발

하는 공항에서 여행자카드를 별도로 구입하면 된다($20~30).
여행자카드에는 이름, 주소, 생년월일, 출신국가 등을 적으면 된다. 이 용지는 여권에 입국사증 스탬프 역할을 한다. 이 용지를 여권과 함께 보관했다가 쿠바에서 출국할 때 나머지 반을 출입국 직원에게 제출한다.

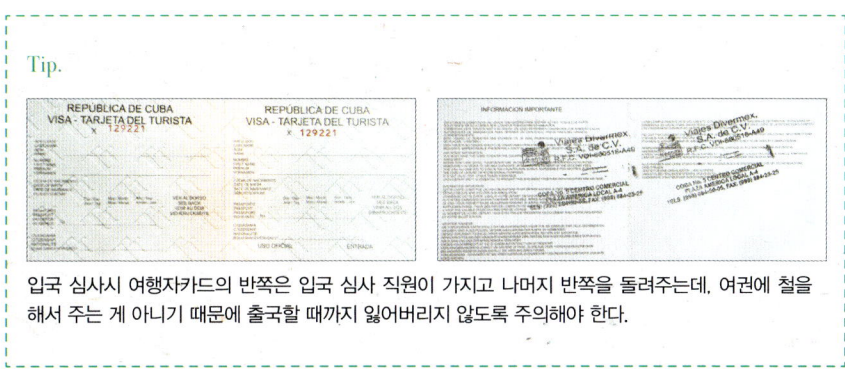

Tip.

입국 심사시 여행자카드의 반쪽은 입국 심사 직원이 가지고 나머지 반쪽을 돌려주는데, 여권에 철을 해서 주는 게 아니기 때문에 출국할 때까지 잃어버리지 않도록 주의해야 한다.

2. 항공권 구입

여행 일정이 확정되었다면 항공권을 구입한다. 해외여행이 처음이고 두려운 마음이 든다면 중남미 전문 여행사를 이용하는 것도 좋은 방법이다. 여행사에서 제공하는 다양한 혜택을 챙길 수 있다. 쿠바를 포함해 다른 중남미 국가까지 여행할 예정이라면 본인의 일정에 맞는 항공권을 잘 찾아보고 구입한다. 쿠바는 2014년부터 미국과 국교 정상화가 되었지만 외교관계가 완전하지 않기 때문에 미국을 경유하는 항공편보다는 캐나다나 멕시코를 경유하는 항공권을 구입하는 것이 좋다.

■ 경유 방법

약 22시간 소요(인천국제공항 출발 호세마르띠국제공항 도착 기준)

1. 인천 – 일본 나리타 – 캐나다 토론토 – 아바나
2. 인천 – 캐나다 밴쿠버 – 멕시코 멕시코시티 – 아바나
3. 인천 – 미국 로스앤젤레스 – 멕시코 칸쿤 – 아바나
4. 인천 – 프랑스 파리 – 아바나

■ 항공권 가격비교 및 예약

옥션 쿠바항공권(에어 캐나다 항공권): tour.auction.co.kr

아미고 투어(중남미 전문 여행사): www.amigotour.com

쿠바나 에어라인(쿠바 국적기): www.cubana.cu

에어 프랑스: www.airfrance.co.kr

Tip.
멕시코를 경유하는 항공권을 예약한다면 쿠바를 둘러보기 전이나 둘러본 후 꼭 멕시코에 방문해보자. 특히 칸쿤에서 바라보는 카리브 해의 에메랄드빛 매력에 흠뻑 취해보길 바란다. 멕시코를 경유하게 되면 멕시코와 쿠바 간 항공권은 쿠바 국적기 쿠바나 에어라인으로 한국에서 예약을 한 후 멕시코 공항에서 구매하는 것이 저렴하다.

3. 숙소 예약하기

쿠바 어디에서나 볼 수 있는 까사 표시

쿠바는 다른 나라에 비해 숙소 종류가 다양하지 않다. 고급호텔과 정부의 허가를 받은 민박집 까사 빠르띠꿀라르(Casa Particular, 이하 까사) 형태가 전부다. 고급호텔의 경우 온라인 예약이 가능하지만 까사의 경우 인터넷이 설치된 가정집이 거의 없기 때문에 온라인 예약이 어렵다.

하지만 걱정할 것은 없다. 관광객을 위한 까사는 정말 많기 때문에 굳이 따로 예약할 필요가 없다. 위의 사진처럼 특정 표시가 있는 집만 찾으면 된다. 이 표시는 정부의 허가를 받은 까사라는 것을 의미한다.

까사의 숙박비는 일반적으로 1박당 15~35CUC($15~35)이다. 다른 나라의 호스텔보다 비싼 편이다. 까사는 현지인이 살고 있는 집의 빈방에 숙박하는 것이므로 쿠바 현지의 문화와 삶을 체험할 수 있다. 또한 대부분 중심가에 위치해 있어 접근성이 용이한 것도 장점이다.

■ 호텔 가격 비교 예약 사이트

트리바고: www.trivago.co.kr
호텔스컴바인: www.hotelscombined.com
Cuba Hotel Reservation: www.cubahotelreservation.com

■ 까사 예약 사이트

Bedin Cuba: www.bedincuba.com(사진과 함께 까사 정보 제공)
Casa Particular Cuba: www.cssaparticularcuba.com(지역별로 구분해 까사 정보 제공)

> Tip .
> 인터넷으로 호텔을 예약할 때 호텔 예약 사이트에서 제시된 사진을 100% 신뢰하면 안 된다. 호텔 구석구석을 자세히 살필 수 없을뿐더러 실제와 사진이 다른 경우가 종종 있다. 할인율이 너무 크거나 호텔 가격이 사진에 보이는 것에 비해 너무 저렴한 경우에는 일단 의심해볼 필요가 있다. 그러니 호텔의 사진이나 별의 개수로만 판단하지 않길 바란다. 아바나는 크게 베다도(신 시가지: 호텔 밀집 지역), 센뜨로 아바나(까삐똘리오가 있는 지역), 아바나 비에하(구 시가지)로 나누어진다. 아바나에 머무를 경우 베다도 지역보다는 센뜨로 아바나에 머무는 것이 아바나 관광에 있어 이동이 편리하다.

■ 아바나 숙소

쿠바 여행을 시작할 때 쿠바에 도착한 첫날밤 숙소가 가장 걱정될 것이다. 이런 걱정을 덜기 위해 아바나에 있는 까사를 간단하게 소개한다. 불안하다면 공항에서 여기에서 추천하는 까사의 주소를 보여주고 이동하면 된다. 만약 소개한 까사에 가는 것이 싫다면 공항에서 아바나의 중심인 까삐똘리오까지 택시를 타고 이동한 후 다른 까사를 찾는다. 오비스뽀 거리나 까삐똘리오 정문을 보고 오른쪽으로 2~300m만 걸으면 거리에서 까사 표시를 많이 볼 수 있다.

본래 쿠바에서는 곳곳에 까사 표시를 볼 수 있기 때문에 여기저기 둘러보며 마음에 드는 숙소를 구하는 것이 가장 좋은 방법이다. 추가 요금으로 식사를 제공하는 곳도 많다. 하지만 까사는 일반 가정집에 남는 방을 여행자들에게 제공하는 구조이기 때문에 숙소 이름이 간판처럼 바깥에 따로 적혀 있지 않다. 까사 표시가 있는 집에 들어가 "Tiene Habitacion(띠에네 아비따씨온: 방이 있습니까)?"라고 물어봐야 한다.

> Tip.
> 까사의 비용은 방 하나당 금액이며 한방에 2명까지 투숙 가능하다. 예를 들어 25CUC이라고 하면 이 금액에 2명이 투숙 가능한 것이다.

센뜨로 아바나 주변 까사

주소: Industria #270 e/ Neptuno y Virtudes 8vo Piso Apto. 804

전화번호: (+53)7 866 7294

휴대전화: (+53)5 263 3508

비용: 25CUC~

까삐똘리오에서 도보 5분 정도 소요되며, 개인 욕실을 사용하고 비용에 조식이 포함되어 있다. 이미 많은 동양인들이 다녀갔기 때문에 주인이 동양의 풍습을 잘 이해하는 편이다. 건물 입구로 들어가 엘리베이터를 타고 8층에 내려서 왼쪽 끝에 있는 문을 두드리면 된다. 혹시 방이 없다면 같은 층이나 다른 층의 까사를 찾으면 된다. 이 아파트는 각 층마다 까사를 운영하기 때문에 방을 구하기 쉽다. 아바나 주변 까사에 대한 추가 정보는 193쪽을 참조하자.

센뜨로 아바나와 베다도 사이의 혁명 광장 근처 까사

주소: Requena #12 e/ Carlos III y Lugareno Plaza de la Revolucion, La havana

전화번호: (+53)7 870 1020

이메일: casaantero@gmail.com

비용: 30CUC~

혁명 광장에서 도보로 10분 정도 걸린다. 개인 욕실을 사용하며 조식이 포함된다.

베다도 지역의 까사

주소: Calle j #605 e/ ave. Universidad y Calle 27, Vedado

전화번호: (+53)7 832 0359

비용: 30CUC~

조식이 포함된 가격이다.

4. 여행자 보험

쿠바 여행을 계획한다면 여행자 보험은 선택이 아닌 필수다. 2010년부터 쿠바의 관광법이 개정되어 쿠바 여행자들의 여행자 보험 가입이 의무화되었다. 무작위이긴 하지만 입국시 여행자 보험증서를 제시할 것을 요구하기도 한다. 만약 미리 가입하지 않았다면 입국 직원들이 지정하는 장소에 가서 돈을 지불하고 가입해야 하는 경우도 있다.

여행자 보험은 여행 도중 언제라도 발생할 수 있는 사고·질병·도난 등에 대해 보상 받을 수 있기 때문에 미리 가입을 해두면 도움이 된다. 특히 쿠바는 노트북, 카메라 등 고가의 전자제품이 한국처럼 흔한 국가가 아니므로 이에 대한 도난과 분실에 주의해야 한다. 만약 물건을 잃어버렸다면 여행자 보험에 가입한 경우 현지 경찰서에서 조서(Police Report)를 작성한 후 한국으로 돌아와 보험금을 청구할 수 있다.

> Tip.
> 공인인증서만 있으면 인터넷(KB손해보험: www.kbinsure.co.kr, 삼성화재: www.anycardirect.com)으로 쉽게 여행자 보험을 가입할 수 있다. 24시간 스마트폰으로도 가입이 가능하며, 출발 전까지 가입을 잊어버렸다면 출발 2시간 전 공항에서 인터넷으로 가입하거나 공항 여행자보험 데스크에서도 가능하다.

5. 환전하기

미국과의 국교가 정상화되었지만 외교관계가 아직 원만하지 않기 때문에 미국 달러보다는 유로나 캐나다 달러를 가져가서 환전하는 것이 환율도 좋고 편리하다. 여행자수표나 신용카드 등도 미국계 회사가 발행한 것은 사용이 불편하다. 가까운 은행에서 한국 원화를 유로나 캐나다 달러로 환전하고, 쿠바에서 다시 쿠바 돈(CUC)으로 환전한다.

Tip 1.
캐나다 달러로 환전할 경우 은행에 가기 전 캐나다 달러 보유 여부를 확인한 후 이동하기 바란다. 국내에서 달러 환전시 주거래 은행을 이용하면 우수고객에 대한 환율우대 혜택을 받을 수 있다.

Tip 2.
2014년 미국과 쿠바 간 국교 정상화가 되기 전, 양국의 외교관계는 단절된 상태였다. 즉 지난 53년 동안 쿠바는 미국의 최고 적성국가였기 때문에 미국을 경유하는 쿠바행 항공편 예약 자체가 불가능했다. 쿠바의 환전소에서조차 미국 달러는 받지 않았다.

6. 여행 짐 꾸리기

여행 짐을 꾸릴 때 필요한 것을 확인하자. ① 여권(분실 대비 여권 복사본과 여권용 사진 2매) ② 항공권(e-ticket 출력물) ③ 숙소 예약증 및 숙소 주소 ④ 여행자보험증 ⑤ 본인 명의의 신용카드 ⑥ 우산 ⑦ 멀티어댑터(분실 대비 2개정도) ⑧ 크로스가방(귀중품 보관) ⑨ 필기구 및 수첩 ⑩ 간단한 상비약(두통·설사·소화제) 및 모기약 ⑪ 카메라 ⑫ 멀티플러그(카메라, 노트북, 스마트폰 등의 전자기기가 많을 경우) ⑬ 그 외 물품(비치타올, 수영복, 비닐백, 비닐 방수팩, 샌들, 선글라스, 선크림 등) ⑭ 기타 여행자들의 취향에 맞는 품목(고급레스토랑에 갈 경우 남자는 셔츠와 바지, 여자는 드레스 등)을 준비한다.
그 외 물품들은 쿠바 날씨를 감안해 준비하면 된다. 1년 연중 더운 아열대 기후라고 반바지, 반팔만 가지고 갔다간 공항이나 현지 버스 안에서 부들부들 떨 수 있기 때문에 긴팔 옷은 꼭 챙기자.

Tip.
쿠바까지의 항공은 직항이 아니라 경유 과정이 있기 때문에 간혹 수하물 도착이 지연되기도 한다. 물론 다음 비행기 편으로 반드시 도착한다. 혹시 수하물이 지연되는 경우를 대비해 기내 탑승 짐에 하루 정도의 예비 옷을 챙기는 것도 좋은 방법이다.

7. 면세점 이용하기

인천국제공항은 탑승 수속과 세관 신고 후 보안 검색을 마치면 면세점 쇼핑이 가능하다. 여권과 전자 탑승권으로 인터넷 면세점이나 서울 시내에 위치한 면세점도 이용이 가능하다. 여기서 구입한 물건은 공항의 '면세품 인도장'에서 수령하면 된다. 면세품 구매 한도액은 출국시 미화 3천 달러 이내, 입국시 미화 600달러 이내다. 이를 초과할 경우 세관 신고 후 세금을 내야 한다.

8. 쿠바 여행 정보 사이트

쿠바 여행을 계획중이라면 쿠바에 꼭 필요한 정보를 모아놓은 사이트를 방문해보는 것이 여행 계획을 세우는 데 도움이 된다. 웹사이트를 통해 쿠바를 접하고 나면 처음 만나는 쿠바이지만 훨씬 가깝게 느껴지면서 여행에 대한 두려움이 설렘으로 바뀔 것이다.

쿠바 관광청: www.cubaweb.cu
쿠바 정부: www.cubagob.cu
한쿠바 교류협회: www.cuba.or.kr

1. 출국 절차(인천국제공항 출발 기준)

■ 출국하기

대중교통을 이용해 인천국제공항에 가는 경우 공항 리무진 버스나 공항 철도를 이용한다. 공항 리무진 버스의 경우 'KAL 리무진'을 비롯해 다양한 전문 업체에서 서울시, 수도권, 지방을 아우르는 총 18개의 다양한 노선을 운행하고 있다. 리무진 버스는 인천국제공항 출국장까지 운행하므로 편리하다. 자세한 내용은 공항 리무진 버스 홈페이지(www.airportlimousine.co.kr)를 참고하자. 공항철도는 지하철 노선과 연계 가능하며, 서울역에서 출발하는 열차를 이용할 경우 인천국제공항까지 약 50분이면 도착한다. 자세한 내용은 코레일 공항철도 홈페이지(www.arex.or.kr)를 참고하자.

■ 출국절차

공항에 도착하면 탑승 수속, 세관 신고, 보안 검색, 출국 심사를 거친 후 비행기에 탑승한다.

탑승 수속 및 수하물 탁송: 인천국제공항 3층 출국장에서 본인이 이용할 항공사의 체크인카운터(A~M)를 찾아 탑승 수속을 밟으면 된다. 해당 체크인카운터에서 여권과 항공권을 제출하고 비행기 좌석을 선택한 후 수하물(여행가방 등)을 부치고 출국장으로 이동한다. 기내 반입 제한 물품(액체류·젤리·스프레이류 등)은 반드시 수하물로 부쳐야 하니 주의하자. 자세한 내용은 '인천공항 이용 안내' 소책자를 참조하기 바란다. 이 안내 소책자는 탑승 수속 안내 보도판 아래에 비치되어 있다.

세관 신고: 미화 1만 달러 이상 외환 소지자나 고가의 귀중품을 소지한 경우, 휴대물품 반출신고

서를 작성해야 한다. 그렇지 않으면 귀국시 쇼핑 물품으로 간주되어 과세 대상이 되니 주의한다. 세관에 신고할 사항이 없으면 보안 검색대로 바로 이동한다.

보안 검색: 기내 반입 물품을 점검받기 위해 휴대물품을 엑스레이(x-ray) 벨트 위로 통과시킨다.

출국 심사: 출국 심사대에서 여권과 탑승권을 보여주고 여권에 출국 도장을 받은 후 통과하면 출국 절차는 모두 끝난다.

비행기 탑승: 탑승권에 적힌 게이트로 항공기 출발 40분 전까지 간다.

Tip 1.
탑승권 게이트가 101~132번이면 셔틀 트레인을 이용해 탑승동으로 이동한다.

Tip 2.
여권 및 귀중품(핸드폰·노트북 등)을 넣은 보조 가방은 기내에 휴대하고, 나머지 짐들은 여행용 가방에 넣어 위탁 수하물로 처리하는 것이 좋다. 특히 쿠바까지는 장거리 비행이므로 기내 복장은 편하게 입고, 기내 냉방시설을 감안해 긴팔 옷을 준비하도록 한다. 캐나다 토론토나 멕시코에서 환승한다면 공항 내에서 세면할 수 있도록 간단한 세면도구도 준비하는 것이 좋다. 액체인 치약의 경우 100ml 이하의 용기(1회용)는 기내 반입이 가능하다.

2. 입국 절차(호세마르띠국제공항 도착 기준)

■ 입국하기

한국에서 비행 시간으로만 22시간 후에 도착하는 쿠바의 호세마르띠국제공항은 아바나에서 남서쪽으로 약 18km 떨어진 곳에 위치해 있다.

■ 입국절차

착륙 전 기내에서 비자 및 세관 서류를 작성한다.

입국 심사: 비행기에서 내리면 입국 심사장까지 통로로 연결되어 있다. 통로를 따라 걷다가 입국 심사(immigration) 표지판이 보이면 표지판을 따라가 이민국 직원이 있는 창구 앞 정지선(stop line)에서 대기한다. 이민국 직원의 손짓에 맞춰서 이동한 뒤 여권과 기내에서 작성한 여행자카드를 제시한다. 안경이나 모자를 착용했다면 입국 심사시 잠시 벗어둔다. 카메라를 보라고 하면 카메

라를 응시한다. 절취된 여행자카드 반쪽과 여권을 돌려받는다. 돌려받은 반쪽 여행자카드는 잊어버리면 안 되니 주의하자. 문이 열리면 나간다.

<u>보안 검사</u>: 모든 소지품은 엑스레이를 통과해야 한다.

<u>세관 검사</u>: 보안 검색대를 통과하면 오른쪽으로 이동해 직원에게 카피본으로 되어 있는 세관신고서를 제출한다.

<u>수하물 찾기</u>: 입국 심사와 보안 검사, 1차 세관 검사를 끝내고 나오면 좌우측에 수하물 찾기 표시가 나온다. 그곳에 가서 본인 짐을 찾으면 된다. 수하물을 찾고 왼쪽으로 이동한 후 오리지널 세관신고서를 제출하고 문을 나서면 출국장이다.

공항의 환전소

<u>환전하기</u>: 오른쪽에 있는 출구(Salida)로 나가서 왼쪽이나 오른쪽으로 약 50m를 이동하면 노란색 간판의 'CAMBIO DE MONEDA(깜비오 데 모네다)'라고 적혀 있는 환전소가 있다. 환전 시 여권 및 환전 달러를 제시한 후 CUC으로 환전한다.

Tip 1.
쿠바에서는 공항 환전소의 환율이 제일 나쁘다. 쿠바에 도착하면 하루 정도 쓸 돈만 공항에서 환전하고 나머진 각 도시 내에 있는 환전소에서 환전하면 환율을 좀더 좋게 받을 수 있다. 공항 환전소는 24시간 운영하니 쿠바에 밤늦게 도착해도 환전 걱정은 하지 말자. 각 도시에 'CADECA(까데까)'라고 적혀 있는 곳이 환전소다.

Tip 2.
앞에서 설명한 것처럼 쿠바는 이중화폐를 사용한다. 특히 외국인을 상대로 장사하는 곳에서는 내국인 전용화폐 CUP은 사용할 수 없다. 그러나 시장, 노점상 등 물건이 비교적 자유롭게 거래되는 장소에서는 CUP을 혼용할 수 있다. 만약 환전소에서 CUP로 환전할 경우 한꺼번에 많이 환전하지 말고 그날그날 쓸 돈만 환전하자. CUP은 CUC로, CUC은 CUP로 다시 환전할 수 있으니 적절히 분배해 경제적으로 사용하도록 한다.
또한 환전소에서 돈을 환전한 후에는 반드시 그 자리에서 금액이 맞는지 확인해야 한다. 자리를 이동하면 금액어 맞지 않더라도 되돌려 받을 수 없다. 쿠바 여행을 하다 보면 CUP과 CUC이 헷갈리기 쉽다. 하지만 CUC의 가치는 CUP의 약 25배이므로 잘 구분해야 한다. 자기만 알 수 있게 왼쪽 주머니나 오른쪽 주머니에 돈을 구분해서 넣어두면 사용하기 편하다.

■ 공항에서 시내로

아바나 시내는 호세마르띠국제공항에서 북동쪽으로 약 18km 떨어져 있다. 버스를 이용하는 것이 가장 저렴하지만 버스의 배차 간격이 30분 정도이고 무엇보다 버스를 타려면 공항에서 3km 정도를 걸어가야 한다. 만약 스페인어가 유창하지 않다면 1층이나 2층에서 공항택시 이용을 추천한다. 다만 쿠바의 공항 택시는 한국처럼 모두 똑같은 색깔이나 모양을 하고 있지 않다. 공항 밖으로 나오면 쉽게 '택시'라는 소리를 들을 수 있고 'TAXI'라고 표시되어 있으니 택시를 잡는 데 큰 어려움은 없을 것이다.

| 택시 이용방법 |

1층 출국장에서 타기: 25CUC 정도에 목적지까지 갈 수 있다. 목적지 주소를 보여준 후 '베인띠씽꼬(25CUC)'라고 하면 된다. 혹시 더 싸게 가고 싶으면 '베인떼(20CUC)'라고 해보자.

① 출국장으로 나오면 왼편에 'INFOTUR(인포뚜르)'라고 적혀 있는 여행안내소를 볼 수 있다.

② 오른편 출구로 나간다.

③ 공항 밖 출구로 나와서 택시 기사에게 목적지까지의 택시 가격을 확인한다.

④ 택시를 탄 후 목적지까지 이동한다.

2층 출국장에서 타기: 흥정이 가능하고, 비용도 25CUC보다 저렴하다.

① 인포뚜르를 약 30m 지난 후 왼편으로 이동한다.

② 끝 지점에서 에스컬레이터를 탄다.

③ 2층에 올라와서 또 다른 인포뚜르를 지나 왼쪽 방향의 출구로 나간다.

④ 공항 밖으로 나오면 택시를 탈 수 있다. 택시를 탄 후 목적지 주소를 보여주면 된다.

Tip 1.
일정을 마치고 베다도나 센뜨로 아바나에서 공항으로 이동할 때는 택시를 이용하는 것이 좋다. 택시비는 베다도에서 공항까지 12CUC부터 시작되고, 센뜨로 아바나에서 공항까지 15CUC 정도를 요구한다. 택시를 타기 전에 반드시 흥정을 해야 한다.

Tip 2.
쿠바의 주소 체계는 우리에게 조금 생소하다. 몇 가지 예를 들어 쿠바의 주소 체계를 살펴보자. 예를 들기 전 주소에 사용되는 단어를 알아두는 게 도움이 될 것이다. 'Calle(까예)'는 길이나 거리를 의미하고, '#=No(누메로)'는 번지, 'e/(엔뜨레)'는 입구, 'y(이)'는 조사 '와/과'를 의미한다. 거리 이름이나 건물 이름은 적혀 있는 대로 읽으면 된다.
예1) Industria NO.270 e/ Neptuno y Virtudes(인두스트리아 누메로 270 엔뜨레/ 네쁘뚜노 이 비르뚜데스)
네쁘뚜노와 비르뚜데스 입구에 있는 인두스트리아 가 270번지다.
예2) Calle 1 #16403 e/ San Ignacio y Cuba(까예 1 누메로 16403 엔뜨레/ 싼 이그나씨오 이 쿠바)
싼 이그나씨오와 쿠바 입구에 있는 1번가 16403번지다.

1. 아바나 철도

기차를 이용해서 쿠바 여러 도시를 여행할 수는 있지만 기차가 자주 있는 편도 아니고 관광객이 많이 찾는 여행지와 역의 거리가 멀기 때문에 추천할 만한 교통편은 아니다. 또한 일부 역은 쿠바인 이외의 외국인은 이용할 수 없기도 하다. 게다가 기차는 버스로 이동하는 것보다 운행속도가 현저히 떨어지기 때문에 관광객들은 거의 이용하지 않는다.

2. 버스

■ **시내버스**(와우와우 시내버스)

시내버스는 쿠바 현지인들을 위한 대중교통의 핵심이다. 하지만 쿠바의 시내버스 정류장에는 이정표도 없고 버스 노선 정보도 없기 때문에 스페인어를 능숙하게 구사하는 관광객이 아니라면 이용하기 쉽지 않다. 특히 경유지 표시 없이 종점만 표시되어 있기 때문에 이용하기가 더 불편하다. 그러나 종점까지 이동할 일이 있거나 쿠바 현지인들의 생생한 삶의 모습을 보고 싶다면 한 번쯤 시내버스를 이용해볼 만하다. 편도 40₡로 한국 돈으로 50원 정도다.

- **시외버스**(비아술 버스)

여행자들이 가장 많이 이용하는 버스는 '비아술(Viazul)'이다(www.viazul.com). 비아술 버스는 정시 출발 정시 도착이라는 장점이 있고, 쿠바 시외버스 중 가장 시설이 좋다. 아바나 관광이 끝난 후 다른 외곽도시로 이동하기 위해 비아술 버스를 이용할 경우 버스가 자주 다니지 않기 때문에 예약은 필수다. 비아술 버스표는 터미널에서 직접 예약하거나 구입해야 한다. 전화 예약은 받지 않는다. 성수기에는 출발 당일 버스표 구매가 어려울 수 있다. 여유분이 있더라도 하루나 이틀 전에 예약한 손님이 우선이기 때문에 터미널에 도착해 버스표 구매를 못할 수도 있으니 미리 예약해두는 것이 좋다. 출발 전에 비아술 터미널이나 여행사(국영 여행사 Cubatur · Havanatur · Cubanaca)를 통해 예약을 할 수 있고, 출발 당일까지 예약을 하지 못했다면 출발하는 날 최소 3시간 전에는 터미널에 도착해서 남는 좌석이 있는지 확인해야 한다.

3. 택시

- **일반 택시**

외국인에게 엄청난 바가지 요금을 씌운다. 혹시 택시를 타고 외곽지역이나 타 도시로 이동할 계획이라면 많은 경비 소요를 예상해야 한다. 비싼 요금에도 올드카와의 추억을 즐기고자 한다면 한 번쯤 이용해볼 만하다. 단, 쿠바인들은 영어가 능숙하지 않기

때문에 목적지의 주소나 이에 해당하는 장소가 표시된 종이를 보여주는 편이 좋다.
쿠바 택시의 외부 도색은 각양각색이다. 쿠바에서는 영업허가만 받으면 대부분 본인의 차로도 택시 영업을 할 수 있기 때문이다. 호텔이나 터미널, 공항에 주차되어 있는 노란색 택시는 기본 가격이 다른 택시들보다 더 비싸다. 아바나 시내를 다니는 택시는 대부분 매연이 심한 올드카이기 때문에 쾌적함을 기대하기는 어렵다. 비용은 5CUC~ 정도다.

■ 꼬꼬 택시

시내나 가까운 거리를 이동할 때는 주로 꼬꼬 택시를 탄다. 대개 관광객들이 이용하는데 달걀, 코코넛을 닮아서 꼬꼬 택시라고 한다. 여행자라면 쿠바에 왔다는 추억 삼아 한 번쯤 타보는 것도 괜찮다. 하지만 일반 택시보다 요금이 6CUC~으로 조금 더 비싸기 때문에 자주 이용하는 교통수단은 아니다.

■ 자전거 택시

쿠바 시내를 돌아다니면서 가장 많이 접하게 되는 것이 자전거 택시다. 자전거 택시는 호객행위도 심하고 일부 쿠바인들은 여행객들에게 바가지를 씌우려고 하기 때문에 반드시 타기 전에 가격 흥정을 해야 한다. 보통 2CUC~ 정도다. 더운 날씨에 시내 구경을 하거나 가까운 거리를 이동할 때 유용하다.

4. 시티투어 버스

시티투어 버스는 관광객들을 위해 만든 버스로 여행자들이 가장 편하게 이용한다. 저렴하고 짧은 시간에 아바나를 한눈에 담을 수 있다는 장점이 있다. 시티투어 버스로 T1, T3가 있다. 특히 T1 버스는 지붕이 없는 2층 버스로 탑승시 특별한 경험을 즐길 수 있다. T1, T3 버스는 각각 노선이 다르며 교차 환승은 할 수 없다. 같은 노선의 버스는 중간에 내리고 타는 것(Hop on/off)이 가능하다. 즉 표를 한 번 사면 일정에 맞게 하루 종일 버스를 이용할 수 있다. 택시를 타거나 걸어서는 쎈뜨로 아바나 베다도를 다 구경할 수 없기 때문에 가격대비 관광의 즐거움을 톡톡히 느낄 수 있으니 반드시 이용해보자.

> **Tip.**
> 시티투어 버스는 예약이 필요 없고, 각 호텔이나 버스가 정차하는 장소에서 탑승 후 요금을 지불하고 표를 받으면 된다.

■ T1

기점: 중앙 공원을 출발해서 중앙 공원으로 복귀
운행시간: 09:10~18:10
비용: 5CUC(0~6세 무료)
말레꼰과 베다도 지역까지 아바나의 서쪽을 도는 노선이다. 30분 간격으로 운행하며 성수기에는 연장 운행되니 확인해보자.

Parque Central(중앙 공원) → Hotel Riviera → Hotel Presiden te → Plaza De La Revolución(혁명 광장) → Cementorio Colon(공동 묘지) → Parque Almendares → Hotel Kholy → Hotel Capacabana → Complejo Trition → Neptuno → La Cecita(반환점) → Miramar Trade Center → Acuario Nacional → Hotel Kholy → Parque Almendaras → Cementerio Colon → Plaza de La Revolución → 23 y L(베다도 23번가) → Mincex → Hotel Deauille → Gran Teatro de La Habana → Bar Cabañna → Castillo de La Real Fuerza(레알 푸에르사 요새) → Parque Central

- T3

기점: 중앙 공원을 출발해서 중앙 공원으로 복귀

운행시간: 09:00~18:00

비용: 3CUC(0~6세 무료)

중앙 공원에서 출발해 모로성 등 아바나 동쪽을 해안선을 따라 도는 노선이다. 30분 간격으로 운행하며, 성수기에는 연장 운행되니 확인해보자.

Parque Central(중앙 공원) → **Fortaleza de la Cabañna**(까바냐 요새) → Ciudad Tarara → Villa Atláantico → Hotel Tropicoco → **Villa Méegano** → Ciudad Tarara → Fortaleza de la Cabañna → Parque Central

Tip 1.
노선도 중간중간에 호텔을 경유하는 이유는 호텔 투숙객들의 편의를 위해서다. 시티투어 버스의 출발지인 중앙 공원으로 나오지 않아도 시티투어 버스를 편리하게 이용할 수 있게 한 것이다.

Tip 2.
버스를 타거나 식당의 줄이 길다면 그 끝을 잘 찾아야 한다. 일렬로 줄을 서 있는 것이 아니라 지그재그로 줄의 끝이 어디인지 알 수 없게 서 있기 때문이다. 이럴 때 "울띠모(Ultimo: 마지막)"라고 외치면 줄의 마지막 사람이 손을 든다. 그럼 본인은 손을 든 사람 다음 순서가 되는 것이다. 다른 사람이 와서 "울띠모!"라고 외치면 본인이 손을 들면 된다.

Tip.

쿠바의 인터넷 시설은 미약하기 그지없다. 와이파이(Wi-Fi)망이 구축된 지역도 한정적이고, 지역 내에서도 일부 호텔 정도에서나 이용이 가능하다. 게다가 90년대의 저속 전화선 모뎀을 사용하고 있어 인터넷 속도가 느리다. 와이파이 인터넷은 유료이며 이용요금이 1시간에 6CUC 정도다.

■ 와이파이 사용방법
호텔 프론트 데스크나 비즈니스 센터에 여권을 제시하고 이용카드를 구매한 후 사용한다. 호텔 투숙객이 아니더라도 여권을 보여주고 이용카드만 구매하면 인터넷을 사용할 수 있다.

■ 와이파이 가능 호텔
— 아바나 비에하 —
Hotel NH Parque Central
▶주소: Neptuno e/ Prado y Zulueta, Habana Vieja ▶전화번호: (+53)7 8606627 ▶홈페이지: www.hotelparquecentral-cuba.com
Hotel Saratoga
▶주소: Paseo del Prado #603 Esquina Dragones Municipio, Habana Vieja ▶전화번호: (+53)7 8681000 ▶홈페이지: www.hotel-saratoga.com
Hotel Sevilla Hotel
▶주소: Trocadero No 55, Old Havana ▶전화번호: (+53)7 8608560 ▶홈페이지: hotelsevilla-cuba.com

— 베다도 —
Hotel Nacional de Cuba
▶주소: Calle 21 y O Vedado Plaza, Ciudad de la Habana ▶전화번호: (+53)7 8363564 ▶홈페이지: www.hotelnacionaldecuba.com
Hotel Meliá Cohiba
▶주소: Ctra. de Las Morlas Varadero ▶전화번호: (+53)4 5667013 ▶홈페이지: www.melia.com

— 아바나 미라마르(Miramar) —
Hotel Chateau Miramar
▶주소: Avenida 1ra y 62 Miramar Playa, Havana ▶전화번호: (+53)7 2043449
Hotel Occidental Miramar
▶주소: Quinta Avenida 72 y 76 Miramar, Habana ▶전화번호: (+53)7 2043584 ▶홈페이지: www.occidentalhotelscuba.com
Hotel Panorama
▶주소: Ave 3 y 70 Miramar, Cuidad Habana ▶전화번호: (+53)7 2040100
Hotel Melia Habana
▶주소: Ave. 3a e/ 76 y 80, Miramar, Ciudad de La Habana ▶전화번호: (+53)7 2048500 ▶홈페이지: www.meliacuba.com
Aparthotel Monteñabana
▶주소: Calle 70, e/ 5thA and 7th Avenues, Havana Miramar ▶전화번호:(+53)7 2069595

Part 2

쿠바,
6박 7일간의 여행기

01

첫째 날,

아바나 비에하와 센뜨로 아바나를 걷다

Cuba

쿠바에서의 첫날, 이방인의 눈에 비친 쿠바는 모든 것이 낯설고 새롭기만 하다. 바쁜 일상에 지친 여행자들 앞에 놓인 쿠바는 멈추어진 시간 속의 여유와 설렘으로 가득 차 있어 낯선 여행지에 대한 두려움을 금세 잊게 한다. 어느새 도시의 민낯을 드러내고 여행객을 활짝 반기는 쿠바는 우리에게 기분 좋은 첫날을 안겨준다. 하루 일정을 소화하다 보면 '여기가 쿠바가 맞나?'라는 착각이 들 정도로 너무나 자유로운 모습에 놀라게 된다. 길거리 풍경도 여느 나라의 모습과 다를 바 없고 거리마다 시가를 입에 문 사람들의 모습에서 쿠바 깊숙이 들어와 있음을 느낄 수 있다. 벗겨진 회칠 속의 쿠바는 그들만의 낭만과 자유를 마음껏 발산하고 있다.

첫째 날, 일정 한눈에 보기

오비스뽀 거리
v
아르마스 광장
v
비에하 광장
v
까삐똘리오
v
빠르따가스

첫째 날 일정지도

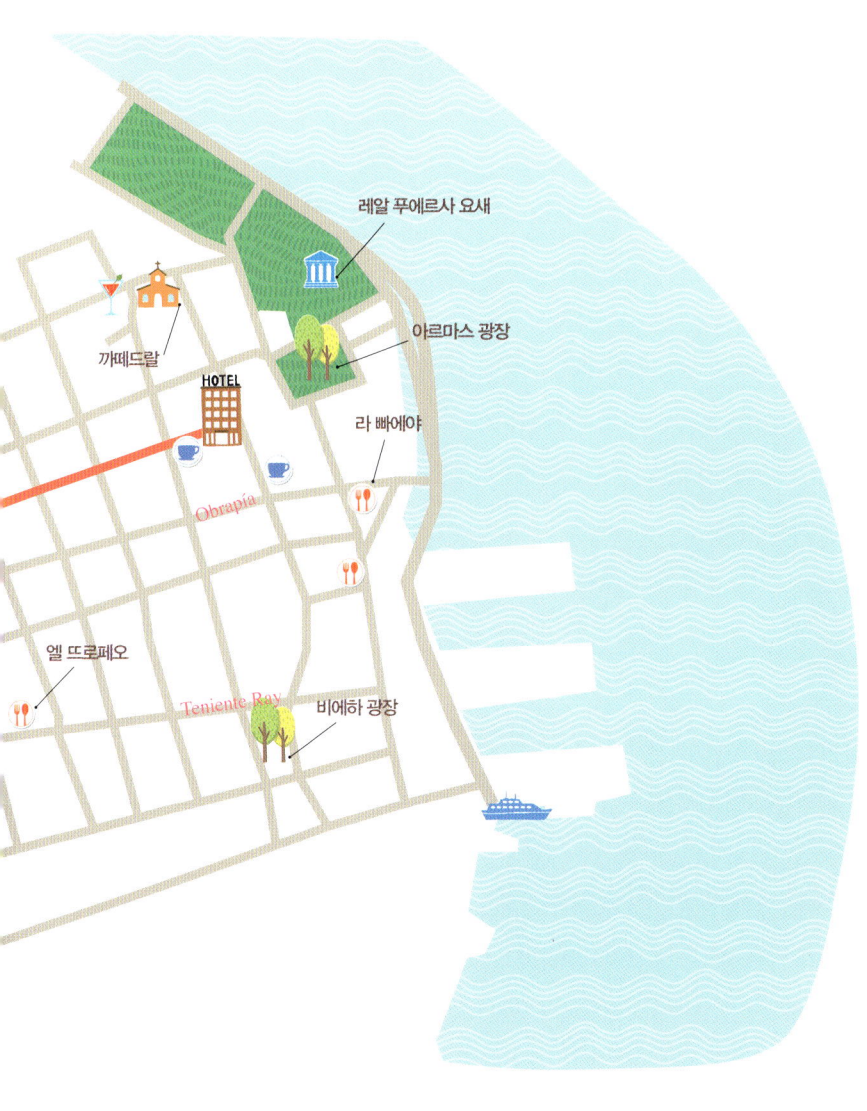

생동감 넘치는 쿠바의 명동,
오비스뽀 거리
Calle Obispo

아바나 구 시가지인 아바나 비에하는 도시 전체가 1982년 유네스코에 의해서 세계 유산으로 등록되었다. 특히 오비스뽀 거리를 걷다 보면 파스텔 톤의 아름다운 건축물과 스페인 식민 지배의 영향이 그대로 남아 있는 유럽풍의 전통 양식들을 볼 수 있다. 오비스뽀 거리는 1863년부터 아바나의 상권 중심지 역할을 하고 있다. 헤밍웨이의 단골 술집 라 플로리디따(La Floridita)를 시작으로 아르마스 광장(Plaza de Armas)까지 약 1km 거리가 바로 오비스뽀 거리다. 차량이 통제되어 사람들만이 거리를 활보할 수 있으며 쿠바에서 가장 생동감 있는 거리다. 거리에는 옷가게, 레스토랑, 카페, 기념품 시장, 환전소, 여행 안내소 등이 있다. 아바나 비에하에 갔다면 거리의 정취를 느끼며 꼭 한번 걸어봐야 할 필수 관광 코스다.

쿠바에서의 첫날, 여행자들에게 모든 장소는 낯설기만 하다. 이 낯섦을 활발함과 설렘으로 바꿀 수 있는 곳이 어디일까? 먼 장거리 비행으로 멍해진 머리를 한순간에 맑게 해줄 곳은 어디일까? 바로 쿠바인들이 가장 많이 활보하고 있는 자유로운 거리, 오비스뽀 거리다. 오비스뽀 거리라면 공산국가의 생경함에서 벗어날 수 있으리라.

오비스뽀 거리는 우리나라의 명동과 같은 거리다. 쿠바인들은 뚜렷한 목적이 있어서라기보단 그저 걷고, 보고, 거리와 호흡하기 위해 오비스뽀 거리를 찾는다. 거리 곳곳에서 유쾌하고 밝은 쿠바인들의 모습을 보고 있으면 '이곳이 정말 공산국가가 맞나?'라는 의구심마저 생긴다. 발길을 옮겨 시가를 팔기 위해 연신 호객행위를 하는 쿠바인들의 모습을 보니 '역시 여기는 쿠바였어!'라는 생각이 들 정도로 활기가 넘치는 거리다. 거리에서 주전부리로 허기진 배를 잠시 채우는 사람들의 모습도 여느 나라 사람들의 모습과 전혀 다르지 않아 어떤 익숙함마저 느껴진다. '아, 여기가 정말 쿠바란 말인가!' 나도 그들 속에 묻혀 오비스뽀 거리를 활보해본다.

오비스뽀 거리
어떻게 가야 할까?

 까삐똘리오(전 국회의사당)를 정면으로 보고 오른쪽으로 길을 잡는다.

 오른쪽 올드카를 구경하면서 길을 건너면 오른쪽 대각선 방향으로 'CENTRO CULTURAL PAYRET(센뜨로 꿀뚜랄 빠이레뜨)'라고 적혀 있는 건물이 보인다.

 센뜨로 꿀뚜랄 빠이레뜨 건물을 오른편으로 두고 길을 건너면 정면에 중앙 공원이 보인다.

 중앙 공원을 등지고 직진하면 횡단보도가 나온다. 횡단보도를 건너 계속 직진한다.

 약 50m 직진하면 정면에 오비스뽀 거리의 입구가 보인다.

오비스뽀 거리
어떻게 돌아보지?

1. 오비스뽀 거리 초입에 들어서면 오른쪽에 헤밍웨이가 자주 들러 유명해진 술집 라 플로리디따를 볼 수 있다.

2. 오비스뽀 거리는 쿠바인들과 관광객들로 인산인해를 이룬다. 거리 곳곳에 보이는 유럽풍 건물들이 오비스뽀 거리의 멋을 한층 더해주고 있다.

3. 도시의 중심상권에 걸맞게 귀금속 가게가 눈에 띄고 다른 가게들도 연이어 보인다.

4. 직진하다 보면 두 번째 블록 중간 지점에 'JOSE MARTI(호세 마르띠)'라고 적혀 있는 초등학교가 있다. 이 화려한 거리에 학교라니, 공부는 제대로 될까?

5. 흥이 나는 쿠바 전통음악이 들리며 여행자들의 발길을 멈추게 하는 레스토랑도 군데군데 볼 수 있다.

6. 세 번째 블록 중간 지점 오른쪽에는 쿠바 전통 공예품을 살 수 있는 시장이 있다.

Tip.
오비스뽀 거리 시작점에 있는 라 플로리디따. 헤밍웨이가 해 질 녘이면 이 바에 들러 다이끼리 칵테일을 마셨다고 한다. 이 바에 대해 더 알고 싶다면 이 책의 '다섯째 날, 오늘 하루 헤밍웨이로 살아보자'를 참고하자.

7. 네 번째 블록 시작 왼편에 'CADECA(까데까)'라고 적혀 있는 환전소도 있다. 환전소는 거리 중간중간에 있다.

8. 국영 전화 회사 ETECSA TELEPUNTO(에떽사 뗄레뿐또) 건물이 보인다.

9. 쿠바의 거리는 구역 정리가 잘 되어 있다. 지도만 있다면 벽면에 적힌 거리 이름으로 목적지를 쉽게 찾을 수 있다.

10. 오른편에 19세기 이후 쿠바 지폐와 세계 각국의 돈이 전시되어 있는 화폐 박물관(Museo Numismático)이 있다.

11. 오비스뽀 거리 중간중간에는 쿠바인들이 살고 있는 가정집이 있다. 건물 여기저기 빨래가 널려 있는 풍경이 가장 쿠바다운 모습처럼 느껴진다.

12. 일곱 번째 블록 시작의 경계에는 차들의 출입을 막는 대포알 모양의 청동이 박혀 있다.

13. 일곱 번째 블록이 끝나는 곳에 노천카페가 있고 오비스뽀 거리의 대표적인 간식 추로스(0.5CUC)를 판다. 즉석에서 만든 추로스로 허기진 배를 채워보자.

14. 약 100m를 더 걸으면 오른편에 헤밍웨이가 머물면서 유명해진 암보스 문도스 호텔을 볼 수 있다.

암보스 문도스 호텔을 지나 오비스뽀 거리의 마지막 지점에서 거리의 악사들을 볼 수 있다. 무심코 카메라 셔터를 누르면 제일 앞에 앉은 할머니가 귀신같이 알고 일어나 팁을 받는다. 당당하게 1CUC을 요구한다. 팁을 주지 않고 지나치면 난리가 나니, 기분 좋게 주자. 이왕이면 팁을 줄 생각을 하고 그냥 당당하게 사진을 찍자.

Tip 1.

환전소에는 많은 관광객들이 환전을 하기 위해 길게 줄을 서 있다. 모든 사람들이 환전소에 들어가 환전하는 것이 아니라 한 명 입장 후 용무가 마무리되고 나오면 환전소 보안 요원의 안내에 따라 다음 사람이 입장한다. 환전소에서 돈을 환전한 후에는 반드시 그 자리에서 금액이 맞는지 확인할 것!

Tip 2.

쿠바는 세계에서 인터넷 보급률이 가장 낮은 편에 속한다. 유일하게 아바나 미술관에 와이파이망을 설치해 무료 인터넷을 제공하고 있다. 쿠바의 국영 전화회사 에떽사는 향후 쿠바의 무선 인터넷 보급을 확산하고 시간당 평균 4.5달러인 인터넷 카페 요금도 내릴 것임을 공언하고 있다.

쿠바의 역사를 담은 문화의 중심지,
아르마스 광장
Plaza de Armas

오비스뽀 거리 동쪽 끝에 위치한 아르마스 광장은 1519년 스페인 군대의 제식 및 훈련 장소로 건설되었다. 스페인 통치 시절에는 정치적 중심지이자 군비를 비축했던 곳이었다. 1582년 광장의 확장 공사가 시작되었으며 1776년에 지금의 크기로 공사가 마무리되었다. 처음 공사가 시작된 후 200년이 지난 1792년에야 현 아르마스 광장의 모습을 갖추게 된 것이다. 아르마스 광장 중앙에는 쿠바의 독립 영웅 까를로스 마누엘 데 세스뻬데스(Carlos Manuel de Céspedes)의 동상이 있다. 그리고 그 뒤로 바로크 양식의 시립 박물관(Museo de la Ciudal)이 보인다. 이 시립 박물관은 스페인이 통치하던 18세기 초까지는 스페인 총독의 거처였고, 18세기 후반부터 1920년까지 쿠바 정부청사로 사용되었다. 1898년 미국·스페인 전쟁으로 스페인이 패하면서 쿠바가 사실상 미군정의 영향권 아래 놓였기 때문에 1959년 쿠바혁명이 일어날 때까지 미군들의 정부처로 사용되기도 했다. 역설적이게도 최고 권력층이 사용하던 이 관사의 건물은 감옥으로도 사용되었고 현재 시립 박물관으로 이용되며 아바나의 생성과 현재까지의 역사를 고스란히 담고 있다.

아르마스 광장의 왼쪽 모로성(Castillo del Morro) 앞쪽에는 그리스 신전의 축소판이라 할 수 있는 신전 엘 뗌쁠레뜨(El Templete)가 있다. 신고전주의 양식으로 세워진 이 신전은 1754년 기념비가 세워졌고, 1823년 기념건물이 세워졌다. 건물 내부에는 콜럼버스 흉상과 3개의 캔버스 그림이 있다. 캔버스 그림에는 1519년 아바나 최초 미사와 아바나 시의회 회의의 모습이 묘사되어 있다. 엘 뗌쁠레뜨 입구 오른편으로 이 광장에서 가장 오래된 건물인 레알 푸에르사 요새(Castillo de la Real Fuerza)가 있는데 현재 도자기 박물관으로 사용되고 있다.

아르마스 광장은 대형 중고책 시장을 방불케 한다. 대부분 체 게바라 책들이 즐비하며 주변에는 많은 레스토랑과 호텔들이 있다. 곳곳에 붓을 든 화가들이 그림을 그리고 있고 길거리 공연도 펼쳐진다. 스페인 식민지 시절 군대 문화의 흔적이 지금은 예술과 문화의 중심지로 바뀐 것이다.

Tip.

엘 뗌쁠레뜨 입구에는 세이바 나무가 있다. 이 나무를 돌며 나무의 줄기를 3번 만지고, 소원을 빌면서 왼쪽 어깨 너머로 동전을 던진 후, 건물 문을 3번 두드리고 들어가 성 크리스토퍼 초상을 보면 빌었던 모든 소원이 이루어진다는 설이 있다.

느낌 한마디

아르마스 광장에 첫발을 내딛었다. '여기가 쿠바의 아픈 역사인 스페인 식민 지배의 흔적이 남아 있는 곳이 맞나?'라는 의심이 들 정도로 너무나 평화로운 모습이었다. 하지만 주위에 즐비하게 늘어서 있는 중고책들은 스페인 식민 지배를 힘겹게 벗어난 쿠바의 역사를 그대로 간직하고 있는 것 같다. 아르마스 광장에 퍼지는 헌책 냄새가 정겹기만 하다. 천천히 책들을 둘러보니 쿠바인들의 혁명 영웅 체 게바라에 관한 일대기가 대부분이다. 쿠바혁명의 선봉에서 권력의 유혹을 뿌리치고 자연인으로 돌아간 체 게바라를 쿠바인들이 얼마나 존경하고 있는지를 엿볼 수 있었다.

'Arma(아르마)'는 스페인어로 '무기'라는 뜻이다. 그러니 'Armas(아르마스)'라고 하면 '무기들, 병기들' 정도로 해석할 수 있다. 그러나 현재 아르마스 광장은 스페인 통치 시절 지배층이 보여주고자 했던 군사적·정치적 위용은 온데간데없이 마냥 평화로워 보였다. 아르마스 광장을 통해 스페인이 과시하려고 했던 지배국으로서의 위용은 체 게바라의 역사로 도배되어 있었다.

특히 광장에 들어서면 공산국가라고 믿어지지 않을 정도의 여유로움이 느껴진다. 한쪽 귀퉁이에는 가방을 베개 삼아 나무 그늘 아래에 누워 쉬고 있는 쿠바인들이 보이고, 학생들은 삼삼오오 모여 그들만의 이야기꽃을 한가득 쏟아내고 있다. 학생들의 웃음 속에는 정체된 쿠바의 모습은 없었다. 스페인 식민 지배 시절 쿠바의 심장이었던 아르마스 광장은 이제 쿠바인의 가슴을 따뜻하게 데워주고 웃음꽃을 피게 해주는 소중한 휴식처다. 관광객과 쿠바인의 쉼터로 함께 호흡을 하고 있는 것이다.

아르마스 광장

어떻게 가야 할까?

▶ 오비스뽀 거리에서 가는 방법

1. 오비스뽀 거리 끝 지점에서 약 50m를 직진하면 바로 오른편에 노천카페가 보인다.

2. 오비스뽀 거리를 벗어나자마자 즐비하게 들어선 중고책 가판대들을 볼 수 있다.

3. 왼편으로 중고책들이 있고 세스뻬데스 동상을 중심으로 아르마스 광장을 볼 수 있다.

Tip.

까를로스 마누엘 데 세스뻬데스(Carlos Manuel de Céspedes, 1817~1873)

쿠바혁명에는 실패했지만 쿠바의 독립 기틀을 마련한 인물이다. 1817년 대농장주 가문에서 태어났고, 1840년 아바나에서 학사 학위를 받은 뒤 스페인으로 건너가 법률을 공부한다. 이후 자신의 농장에서 일하던 노예들을 풀어주고 독립운동을 조직, 혁명지도자로 쿠바 독립을 선언하지만 스페인 군대에게 대패한다. 결국 그가 세운 정부는 권위를 잃고 그는 스페인 군대에게 사살된다. 100CUC 속의 인물이다.

▶ **까떼드랄(Catedral de la Habana, 아바나 대성당)에서 가는 방법**

1. 까떼드랄을 등지고 오른편 레스토랑을 지나 계속 직진해서 골목길로 들어선다.

2. 직진해서 첫 번째 블록을 지나면 정면에 인포뚜르(여행안내소)가 있다. 안내소를 보면서 왼편으로 길을 잡는다.

3. 왼편으로 길을 들어선 후 첫 번째 블록을 지나면 중고책 시장이 있고 왼편으로 아르마스 광장이 보인다.

Tip.
대부분의 관광객들은 아르마스 광장에 오면 광장을 제대로 둘러보지도 않고 그냥 사진만 찍고 떠난다. 하지만 아르마스 광장 곳곳에는 볼거리가 많다. '어떻게 놀아보지?'를 참고해 시간을 두고 천천히 둘러본 뒤 그늘이 드리워진 나무 밑에서 잠시 배낭을 베게 삼아 명상에 잠겨보는 건 어떨까? 쿠바에서 맞이한 첫날이 멋진 추억으로 남을 것이다.

아르마스 광장
어떻게 돌아보지?

1. 광장에 들어서면 중고책 시장을 볼 수 있다. 체 게바라에 관한 서적이 대부분이다. 광장 주변의 예술가들도 대부분 체 게바라를 소재로 한다.

2. 약 50m를 직진한 후 왼편으로 돌면 오른쪽에 이사벨 호텔(Hotel Isabel)을 볼 수 있다.

3. 왼쪽에 중고책 시장을 끼고 오른쪽 대각선 방향으로 엘 뗌쁠레뜨를 볼 수 있다.

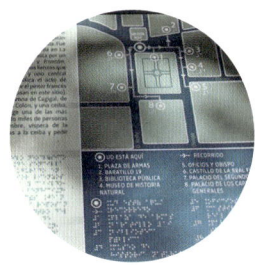

4. 약 50m를 이동하면 엘 뗌쁠레뜨의 입구가 보인다. 그 앞에 안내도가 있다.

5. 입구에 들어서면 세이바 나무가 있다. 이 나무를 돌면서 소원을 빌어보자. 쿠바에서 빌었던 모든 소원들이 이루어질 것이다.

6. 세이바 나무를 지나 큰 나무 문을 열고 들어가면 콜럼버스 흉상과 캔버스 그림을 볼 수 있다.

7. 엘 뗌쁠레뜨를 나와 오른쪽으로 돌면 모로성이 있다.

8. 모로성 오른편 마차 뒤편에 레알 푸에르사 요새가 보인다. 모로성과 레알 푸에르사 요새 사이를 걸어가면 둘째 날 찾을 말레꼰을 볼 수 있다.

9. 모로성을 오른쪽에 두고 광장 안으로 들어가면 쿠바의 독립 기틀을 마련했던 세스뻬데스 동상이 있다.

노천카페의 멋이 가득한 명소,
비에하 광장
Plaza de Vieja

비에하 광장은 아르마스 광장의 대체 광장으로 1559년 건설되었다. 광장은 본래 군대 제식 훈련을 위해 만들어졌고, 광장 주변의 건물들은 군부와 정부 수뇌부를 위해 세워졌다. 이후 점차 상업적 역할로 변모되었고 18세기에 이르러서는 가장 인기 있는 시장으로 번성했다. 특히 노예시장까지 횡행하게 된다. 1841년 끄리스또 광장(Plaza del Cristo)에 새로운 시장이 형성되면서 비에하 광장으로 불리게 된다. 18세기에 완성된 아름다운 건물이 즐비하고, 이 건물들을 모델로 삼아 아바나의 독특한 건축 양식이 탄생했다.

중앙에서 북쪽을 보게 되면 현재는 앙헬라 란다(Angela Landa)라는 초등학교 건물이 떡 하니 버티고 서 있다. 남서쪽에는 마야베께 주의 주인이었던 하루꼬의 관사가,

서쪽 끝에는 후안리꼬 마타의 집이 있다. 남동쪽에는 쁠라시오 비에나 호텔(Hotel Placio Viena)이, 동쪽 끝에는 카르테나스의 집이자 필하모니를 위해서 사용되었던 건물이 있다.

현재 비에하 광장은 아바나에서 가장 유명한 광장이 되었다. 주변에는 라이브 바, 레스토랑, 카페 등이 들어서 관광객들을 끌어들이고 있다. 또한 아바나를 찾으면 꼭 마시게 되는 맥줏집 꽉또리아 쁠라싸 비에하(Factoria Plaza Vieja)도 있고, 맞은편에는 아바나의 유명한 카페 엘 에스또리알(Cafe el Escorial)도 있다. 비에하 광장은 축제 행사나 행렬을 위해서도 사용된다.

광장을 한눈에 조망하고 싶다면 2CUC의 입장료를 지불하고 35m 높이에 위치한 까마라 오스꾸라(Camara Oscura) 건물로 올라가보자.

느낌 한마디

비에하 광장에 들어서자마자 구름 한 점 없는 하늘과 함께 광장 중심의 분수대가 반겨준다. 강렬하게 내리쬐는 햇빛이 눈을 찌푸리게 하지만 게슴츠레 뜨고 본 하늘은 눈물 나게 아름답다. 너무나 깨끗하고 청명한 하늘이다. 덩그러니 혼자 두 팔을 벌리고 광장으로 내리쬐는 아름다운 햇볕과 함께 심호흡을 해본다. 사방에 깨끗하게 도색된 고딕풍 건물들이 있어 마치 유럽에 와 있는 착각이 든다. 옛 건물을 뒤로 하고 광장 주변 노천카페에는 흑맥주 한 잔으로 목을 축이는 사람들이 가득하다. 시가를 입에 물고 뿜어대는 연기에 정신까지 혼미해지는 듯하다. 광장 중앙에서 날아다니는 비둘기의 모습에서 더없는 평화를 느껴본다. 시간이 멈추어 있는 듯한 건물들을 보고 있으면 그 멈춤의 멋이 나를 더없이 고즈넉하게 만든다. 비에하 광장이 주는 오래된 멋을 한껏 맛보며 은근슬쩍 쿠바인들 사이에서 벽을 타고 내려오는 그늘을 벗 삼아, 맥주 한 잔으로 몸속 깊숙이 찾아오는 시원함을 느껴본다.

비에하 광장
어떻게 가야 할까?

1. 아르마스 광장 안의 세스뻬데스 동상 정면에서 왼쪽 방향 출구로 나간다.

2. 약 30m 앞으로 걷다가 오른쪽으로 45도 꺾인 골목길을 따라 이동한다.

3. 약 50m를 걸어 오른쪽을 보면 'MONTE DE PEDAD(몬떼 데 뻬다드)'라고 적혀 있는 건물이 보인다.

4. 유럽풍의 아름다운 건물들을 보면서 직진한다.

5. 유럽풍 건물 사이를 지나다 보면 오른쪽에 'RASTAURANTE LA PAELLA(레스따우란떼 라 빠에야)'라고 적힌 건물이 보인다.

⑥ 두 번째 블록을 지나면 저 멀리 산 프란씨스꼬 광장(Plaza de San Francisco)의 성당 건물이 눈에 들어온다.

⑦ 성당 정문 앞에는 청동으로 만든 동상과 종이 있다.

⑧ 첫 번째 블록에서 오른쪽으로 가면 'CALLE TENIENTE REY(까예 떼니엔떼 레이: 육군 대장의 거리)'라고 적혀 있는 벽면이 보인다.

⑨ 거리 끝까지 걸어가다 보면 왼편에 'CAMARA OSCURA(까마라 오스꾸라: 어두운 카메라)'라고 적혀 있는 건물이 보인다.

⑩ 정면 건물 기둥에 'PLAZA VIEJA(쁠라싸 비에하)'라고 적혀 있고 그 앞이 비에하 광장이다.

비에하 광장
어떻게 돌아보지?

1. 까마라 오스꾸라 건물로 들어가 엘리베이터를 타고 맨 꼭대기 층으로 올라간다.

2. 왼편 화살표 방향을 따라가 입구에서 입장료를 지불한다. (이용 시간: 09:00~17:20, 입장료: 2CUC, 12세 미만 무료)

3. 건물 옥상에서는 비에하 광장과 까삐똘리오, 요새가 있는 바다 등 아바나 시내 전체를 볼 수 있다.

4. 직원이 "까마라 오스꾸라!"라고 외치며 안내한다. 어두운 실내에서 카메라로 전송된 현재 아바나의 모습을 볼 수 있으며 영어와 스페인어로 설명한다.

5. 건물을 나와 직진을 하면 오른편으로 'ANGELA LANDA(앙헬라 란다)'라고 적혀 있는 초등학교도 보인다.

6. 학교를 끼고 왼편으로 돌면 저 멀리 45도 오른 방향으로 많은 여행자들이 오후의 나른한 시간을 보내고 있는 노천카페가 보인다.

7. 맥줏집 팍또리아 쁠라싸 비에하가 보인다. 흑맥주 한 잔으로 잠시 더위를 달래보자(흑맥주 한 잔 2.5CUC).

8. 맥줏집에서 정면을 보면 여자가 닭 위에 앉아 있는 우스꽝스러운 동상도 볼 수 있다.

9. 동상 뒤편에는 아바나에서 가장 맛있는 커피를 자랑하는 카페 엘 에스꼬리알이 있다.

위용을 자랑하는 옛 국회의사당,

까삐똘리오
Capitolio

1926년 공사를 시작해 1929년 완공되었고 네오클래식과 아르누보 건축 양식으로 지어졌다. 지붕은 중세 르네상스 시대에 유행했던 돔 양식의 큐폴라(cupola)다. 프랑스 파리에 있는 팡테옹 사원에서 영감을 얻었지만 미국 국회의사당과도 유사하다. 1950년대까지 아바나에 세워진 건물들 중 가장 높은 건물이었고, 내부 큐폴라의 크기는 세계에서 세 번째로 크다. 건물 주위에는 건축 당시 아름다운 유럽 정원을 본떠 만든 정원이 네 구역으로 나뉘어 조성되어 있다. 입구에 들어서면 왼쪽에는 일(Work), 오른쪽에는 수호(The Tutelary Virtue)의 동상이 있다. 중앙으로 이어지는 곳에는 12가지 로마 양식의 열주가 2줄로 배열되어 있다. 현관을 넘어 메인 홀에 들어서면 3개의 대형 청동 부조가 보인다. 돔 아래에는 웅장한 오리지널 공화국 동상(Statue of

the Republic)이 우뚝 솟아 있다. 이 동상은 로마에서 주조한 뒤 쿠바로 가지고 온 것이다. 동상은 금으로 덮여 있고 49톤의 무게를 자랑한다. 그리스 지혜의 여신에서 영감을 받아 만든 것이다. 원래는 내부에 25캐럿의 다이아몬드가 내장되어 있었다고 하는데 지금은 행방을 알 수 없다. 대신 복제본이 들어 있다. 내부 중앙홀 안쪽에는 대통령 집무실도 보인다.

1959년 쿠바혁명이 일어나기 전까지 국립 국회의사당 건물이었으며, 혁명 이후 과학·기술·환경부 건물로 이용되다가 현재는 쿠바 과학 아카데미로 사용되고 있다. 2013년부터 건물 복원 공사가 진행되고 있으며, 공사가 마무리되고 나면 다시 쿠바 국회의사당으로 사용할 예정이라고 한다.

✚ 까삐똘리오 이용 안내

▶ **이용 시간:** 월~수·금 09:15~15:45, 목 09:15~13:45   ▶ **입장료:** 3CUC(가이드 동반 입장시 4CUC, 사진 촬영시 2CUC)   ▶ **주소:** Paseo de Martí e/ Industria y San José, La Habana

Tip 1.
까삐똘리오 앞에는 유난히 올드카가 많다. 그렇다고 허락 없이 사진을 찍다가는 팁을 줘야 할지도 모른다. 그 올드카들은 차를 배경으로 기념 촬영을 원하는 관광객들을 위해 마련해놓은 것이기 때문이다. 자세히 보면 올드카라고 하기에는 너무나 깔끔한 차들임을 알 수 있다.

Tip 2.
까삐똘리오 앞에는 할아버지 사진사가 유명하다. 관광객들을 상대로 족히 100년은 되어 보이는 흑백 사진기로 사진을 찍어준다. 이미 세계의 많은 관광 책자에 소개된 유명한 할아버지다. 추억의 흑백사진을 한 장 찍은 다음, 사진기에 쿠바의 명물 사진사를 한 번 담아보는 것은 어떨까?

하늘을 향해 버티고 서 있는 돔 건물의 위용이 대단하다. 그 당시 로마에서 이 먼 곳까지 동상을 만들어서 가져왔다고 하니 쿠바가 이루고자 한 정부체제의 위엄이 얼마나 광대했는지 짐작이 간다. 까삐똘리오 앞 계단은 내리쬐는 강렬한 빛에도 아랑곳하지 않는 여행자들이 쉼터로 이용하고 있다. 입구에 들어서면 퍼즐을 맞추듯 빈틈없이 축조된 건물과 높디높은 천장의 모습에서 쿠바가 추구하고자 했던 끝없는 절대 권력의 모습을 보는 듯하다. 건물만 보고 있자니 여기가 미국인지 유럽인지 착각이 들 정도지만 계단에서 보이는 거리의 올드카를 보며 이곳이 쿠바임을 다시금 일깨워본다.

까삐똘리오 앞 거리는 마치 올드카 전시장 같다. 반질거리게 잘 닦인 차들은 그들을 추억하고 그리워할 이방인을 찾고 있지만 차의 주인들은 손님이 있든 없든 아랑곳하지 않고 삼삼오오 모여 담소를 나누고 있다. 계단 앞쪽을 보니 손수 만든 듯한 낡은 사진기가 주인이 구부정한 허리를 아쉬워라도 하는 듯 긴 한숨을 내쉬고 있다. 어떻게 저런 사진기가 여전히 작동하며 관광객들에게 흑백사진의 추억을 만들어줄 수 있는지 신기할 정도다. 쿠바는 옛 추억을 먹고사는 나라인 것 같다. 사진사 옆으로는 젊은 연인들이 진한 키스를 나누고 있다. 주위 사람들의 시선에 전혀 신경쓰지 않는 모습이다. 전 국회의사당 앞에서 자유를 만끽하는 젊은 연인의 모습이 쿠바의 현 주소를 말해주고 있는 것 같다.

까삐똘리오
어떻게 가야 할까?

 비에하 광장 맥줏집을 왼편 뒤쪽으로 두고 직진하면 초등학교와 맥줏집 건물 사이로 골목길이 나온다.

② 골목길 왼쪽으로 방향을 잡는다.

③ 왼편 벽면을 보면 'CALLE TENIENTE REY(까예 떼니엔떼 레이)'라고 적혀 있다.

④ 멋진 유럽 건물들을 양편으로 두고 직진한다.

 직진해 이동하면 깨끗한 건물을 뒤로 하고 낡은 건물이 하나 나타난다.

6 오른편으로 'ART PUB(아르뜨 뿝)'이라고 적혀 있는 건물이 보인다.

7 계속 직진하면서 양 골목 사이를 보면 쿠바인들이 살아가는 모습을 가장 가까운 곳에서 볼 수 있다.

8 2블록을 지나 고개를 들어 골목 정면을 보면 저 멀리 까삐똘리오 건물이 보인다.

9 골목길 끝 지점으로 가면 웅장한 까삐똘리오 건물이 나타난다.

까삐똘리오
어떻게 돌아보지?

1. 까삐똘리오 입구 계단을 지키고 있는 명물 사진사에게 부탁해 까삐똘리오를 배경으로 나만의 사진을 찍어본다.

2. 사진사 뒤에 있는 계단을 따라 까삐똘리오 입구로 들어간다.

3. 내부에 들어서자마자 공화국 동상을 볼 수 있다.

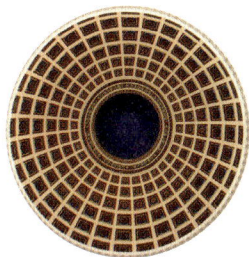

4. 위를 올려다 보면 큐폴라 양식으로 만들어진 천장이 보인다.

5. 12주의 기둥과 함께 내부 전경이 한눈에 들어온다.

6. 이곳에 진짜 25캐럿 다이아몬드가 내장되어 있었을까?

7. 대통령 집무실로 사용되었던 곳도 구경해보자.

> **Tip.**
>
> 큐폴라 양식이란 작은 건물 중 지붕을 돔과 같은 양식으로 둥근 천장을 건축하는 것이다. 실내의 전망을 좋게 하고 햇볕이 잘 들며 공기의 순환을 원활하게 만든다. 8세기경 이슬람 건축에서 처음 사용되었으며 러시아에서는 겨울에도 눈이 쌓이지 않는 이점 때문에 큰 인기를 누렸다. 이후 미국에서도 일부 건물에 사용되었는데 워싱턴 D.C.의 국회의사당 돔 위의 큐폴라가 대표적이다.

쿠바에서 가장 유명한 시가 공장,
빠르따가스
Real Fabrica de Tabacos Partagás

빠르따가스 시가 공장은 쿠바에서 가장 오래된 시가 브랜드 공장 중 하나다. 담배를 팔던 이주자 하이메 빠르따가스가 1845년 최초로 빠르따가스라는 공장을 설립했으며 그의 아들 호세 빠르따가스가 계승하게 되었다. 나중에 안타깝게도 아들 호세 빠르따가스는 은행에 공장을 팔아버린다. 그러나 이 공장이 설립되면서부터 정통 쿠바 브랜드의 시가가 생산된다. 특히 쿠바혁명 이후 빠르따가스는 세계에서 가장 인기 많은, 최고의 판매율을 자랑하는 시가로 발돋움하게 된다. 현재 공장에서는 매년 약 500만 개의 시가가 생산되고 있다.

센뜨로 아바나에 위치하고 있는 빠르따가스 시가 공장은 관광객에게 쿠바의 시가 공장을 견학하고 배울 수 있는 기회를 제공한다. 단, 공장 견학시에는 내부 촬영이

금지되어 있으며 가이드가 45분 동안 영어나 스페인어로 시가 제조 과정과 시가가 유명한 이유 등을 설명해준다.

공장 내부로 들어가면 모두 4개 층을 견학한다. 1층에서는 담뱃잎에 수분을 첨가하는 과정을 보여주고, 2층에서는 담뱃잎을 펴서 분류하는 과정을, 3층에서는 비숙련공들이 시가를 마는 모습을 볼 수 있다. 3층의 미숙한 비숙련공의 자리에 앉기 위해서도 최소 9개월간의 교육 과정을 거쳐야 한다고 하니 쿠바인의 시가에 대한 각별한 애정이 느껴진다. 마지막으로 4층에 가면 300명 가량의 숙련공들이 시가를 마는 모습을 볼 수 있다. 빠르따가스 시가 공장 견학은 쿠바의 역사를 아주 가까운 곳에서 체험할 수 있는 아주 특별한 경험이다.

✚ 빠르따가스 이용 안내

▶ 이용 시간: 월~금 09:00~13:00　▶ 입장료: 10CUC(공장 내부 촬영 금지)　▶ 주소: Calle Industria #524 e/ Dragones y Barcelona, Habana

Tip.

쿠바의 시가가 유명한 이유는 쿠바가 담배 생산에 알맞은 비옥한 토양과 자연환경을 갖추고 있기 때문이며 특히 쿠바 고유의 블렌딩(2~3종류의 담뱃잎을 섞어서 마는 것) 기술이 최고를 자랑한다. 품질이 우수한 시가의 가격은 한 대에 한화 55만 원을 호가하기도 한다. 시가 제조는 대부분 수작업으로 이루어지는데 꼼꼼하게 담뱃잎을 말아야 좋은 품질의 시가를 만들 수 있기 때문이다.

건물에 들어서자 훅 하고 시가 향이 코를 찌른다. 어린 시절 시골에서 곰방대로 담배를 피우시던 할머니 방에서 나는 쾌쾌한 냄새 그 자체였다. 시가는 너무 독하기 때문에 연기를 목구멍으로 넘기면 안 된다고 한다. 그냥 입에서 감미로운 시가 향을 즐겨야 한다는데, 어느 누가 한 대에 55만 원이 넘는 고가의 시가 향을 입안에서만 즐길 것인가? 시가를 즐겨 피웠던 체 게바라의 우수에 젖은 눈빛과 얼마 안 되는 임금으로 노동력을 착취당하는 쿠바인들의 모습이 교차된다.

4층으로 올라가자 그곳에서 시가를 마는 직원들은 나와 같은 관광객들에게 이미 익숙하다는 듯이 눈길 한 번 주지 않고 작업에 집중한다. 그들의 뒷모습에서 고독한 시가 향이 배어 나는 것 같다. 시가 잎담배는 멋으로 피우는 담배라지만 이 공장에서 내는 잎담배는 멋보다는 밥에 가까웠다. 오늘따라 멋으로 피는 시가 한 모금을 위해 담배를 자르는 커팅 칼 소리가 유난히 크게 들린다.

쿠바 역사의 산물인 시가를 체 게바라는 이렇게 표현했다. "시가는 고독한 혁명의 길에 가장 훌륭한 동반자다." 하지만 오늘 내가 보는 시가는 노동의 현장에서 밥벌이를 위한 시가처럼 느껴져 마음 한구석이 애잔하다.

빠르따가스
어떻게 가야 할까?

1. 까삐똘리오 정문을 보면서 왼쪽으로 방향을 잡는다.

2. 직진하다가 오른쪽으로 도는 길이 나오면 그 길을 따라 방향을 잡는다. 왼편으로 조그마한 조각공원을 볼 수 있다.

3. 모퉁이를 돌아 저 멀리 45도 오른쪽 끝을 보면 빠르따가스 시가 공장이 어렴풋이 보인다.

4. 약 50m를 이동하면 'PARTAGAS(빠르따가스)'라고 적혀 있는 건물이 오른편에 보인다.

5. 왼편에는 차이나타운이 있다.

오른쪽 모퉁이를 돌아 약 50m를 걸어가면 왼편에 빠르따가스 시가 공장이 나온다.

Tip 1.
시가 공장에는 책이나 이야기를 들려주는 만담꾼이 있었다. 라디오나 녹음기가 없던 시절에는 끊임없이 반복되는 수작업에 지쳐 노동 생산력이 떨어질 수밖에 없었다. 이 때문에 단순 노동의 지루함을 달래주고자 작업장에 책 읽어주는 만담꾼을 두었다고 한다. 만담꾼이 책을 읽어주다가 다음 날을 위해 클라이맥스를 중단하면 다음 날 결근 없이 모두들 일찍 출근해 기다리기까지 했다고 한다. 그래서 재미있게 이야기나 책을 읽어주는 만담꾼들을 데려가고자 스카우트 경쟁까지 치열했다. 재미있는 이야기를 들으며 일에 집중하다 보면 시가의 불량률이 줄고 다음 날 결근율도 현저히 떨어져 생산량이 증가했기 때문이다.

Tip 2.
쿠바 여행중 시가를 구입하고 싶다면 되도록 시가 공장에서 정품을 구입하는 것이 좋다. 길거리에서 호객행위로 파는 시가는 잘 빨리지도, 잘 타지도 않는다. 좋은 시가는 한 번 불을 붙이면 끄기 전까지 알아서 타들어가는데 길거리에서 파는 시가들은 이 부분이 약하다. 조악한 블렌딩 기술로 만든 것이 대부분이기 때문이다. 혹여 길거리에서 시가를 산다고 해도 정품 가격은 알고 있어야 흥정을 할 수 있으므로 빠르따가스 시가 공장 1층에서 시가 가격을 꼼꼼히 살펴보자.

빠르따가스
어떻게 돌아보지?

1. 1층 입구에 들어서서 오른편 시가 파는 가게를 둘러본다. 혹 정품 시가 가격이 궁금하다면 여기에서 알아보도록 하자.

2. 입구로 들어서서 공장 관람을 위해 관리인에게 입장료를 지불한다. 입장료에는 가이드 설명이 포함되어 있다.

3. 안쪽으로 들어가면 담뱃잎 농장과 시가로 유명한 쿠바의 도시와 그 지도를 볼 수 있다.

4. 계단을 따라 층별로 올라가면서 가이드의 설명을 듣는다. 내부에서는 사진 촬영이 안 되니 혹여라도 찍는 일이 없도록 한다.

쿠바, 무엇을 먹을까?

스페인의 영향이 남아 있는 쿠바식 빠에야 식당,
라 빠에야(La Paella)

빠에야(paella)는 쌀·야채·고기·해산물 등을 넣은 쌀 요리로 스페인의 발렌시아 지방을 대표하는 음식으로 유명했다. 쿠바는 스페인의 지배를 받았기 때문에 곳곳에 스페인의 영향이 남아 있고 음식 문화도 마찬가지다. 빠에야는 쿠바인들도 즐겨 먹는 음식이지만 고급 음식에 속하기 때문에 쉽게 즐기지는 못한다.

라 빠에야는 빠에야 전문 식당으로 비에하 광장과 가깝고 바로 옆 건물에 호스텔이 있어 주로 외국 관광객이 쿠바 음식을 즐기기 위해 찾는다. 종업원이 추천하는 요리는 빠에야 데 랑고스따와 빠에야 데 쿠바나 세르도 이 뽀요로 랍스타 해산물 볶음요리와 닭고기, 돼지고기가 들어간 쿠바식 볶음요리다. 2개의 요리를 시켰지만 3명이 먹을 수 있을 만큼 그 양이 충분하다. 여기에 쿠바 맥주 부까네로를 더하면 쿠바에서의 첫 저녁식사로 완벽할 것이다.

PAELLA DE LANGOSTA
(빠에야 데 랑고스따)

PAELLA DE CUBANA CERDO Y POLLO
(빠에야 데 쿠바나 세르도 이 뽀요)

BUCANERO
(부까네로)

✚ 라 빠에야 이용 안내

▶ 이용 시간: 14:00~24:00 ▶ 가격: 빠에야 랍스타와 맥주, 팁 포함 1인당 14CUC~ ▶ 주소: Calle Obrapía #55 Esquina a Baratillo, La Habana Vieja ▶ 전화번호: (+53)7 8671037

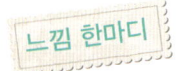

첫날 일정을 마치고 시끌벅적한 곳보다는 고즈넉한 곳에서 쿠바 현지인들의 음악과 함께 조용히 하루를 마무리하고 싶었다. 우연히 들른 레스토랑이었지만 직원들의 친절함에 기분이 좋았다. 그리고 실내에서 연주하는 음악에 취해 나도 부에나 비스타 소셜 클럽의 〈찬찬(Chan Chan)〉과 오마라 뽀르뚜온도의 〈끼사스, 끼사스, 끼사스(Quizas, Quizas, Quizas)〉를 신청해 그들의 음악세계에 흠뻑 취해보았다. 관광객으로 넘쳐나는 식당이었다면 내가 신청한 음악을 들을 수나 있었을까? 조용한 레스토랑에서 전세 낸 기분으로 나만을 위한 악단과 함께 마음껏 즐기다 보니 쿠바를 더 사랑하게 되었다.

한국의 해물볶음 요리와 비슷한 빠에야는 입에도 착 감겨오는 맛이었다. 약간의 느끼함은 쿠바 맥주 부까네로로 달래보았다. 첫 식사를 아무 준비 없이 우연히 들른 식당에서 풍성하게 맛보게 되니 더불어 쿠바에서의 첫날도 풍성해지는 것 같았다. 첫날의 아름다운 밤을 그들이 마지막으로 들려주는 〈베사메무초〉로 마무리하며 긴 여운을 남겨본다.

라 빠에야
어떻게 가야 할까?

 아르마스 광장 세스뻬데스 동상을 정면으로 보고 왼쪽 출구로 나간다.

약 30m 앞 45도 오른쪽으로 나 있는 길을 따라 이동한다.

약 50m를 걸어 오른쪽을 보면 'MONTE DE PEDAD(몬떼 데 뻬다드)' 건물이 보인다. 유럽풍 건물들 사이로 직진한다.

유럽풍의 아름다운 건물들 사이를 지나다 보면 오른쪽에 'HOSTAL VALENCIA(호스딸 발렌씨아)'라고 적힌 건물이 보인다.

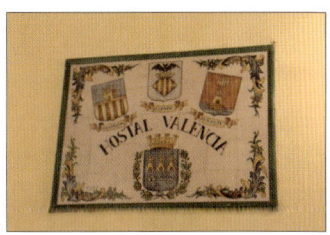

 발렌씨아 호스텔 로비 왼편에 'RESTAURATE LA PAELLA(레스따우란떼 라 빠에야)'가 있다.

쿠바 최고의 아이스크림 가게,
꼬뻴리아 (Coppelia)

꼬뻴리아는 미국 브랜드보다 더 맛있는 아이스크림을 생산하기 위한 목표 아래 스웨덴에서 최고의 기계를 수입하면서 피델 까스뜨로의 주도로 만들어졌다. 26가지의 맛과 25가지의 조합으로 1966년 처음 가게를 열었으며, 지금은 400명의 종업원이 매일 3만 5천 명의 고객에게 아이스크림을 제공하고 있다. 현재 꼬뻴리아 건물은 세계에서 가장 큰 아이스크림 가게 중 하나다. 특히 쿠바 영화 〈딸기와 초콜릿〉에 꼬뻴리아 아이스크림이 나오면서 더욱더 큰 명성을 얻었다. 아이스크림 가게 이름을 꼬뻴리아라고 지은 이유는 피델 까스뜨로의 가장 오래된 비서인 세실리아 산체스가 가장 좋아하는 발레가 바로 〈꼬뻴리아〉였기 때문이라고 한다. 이웃나라 베네수엘라에서 꼬뻴리아 아이스크림의 판매를 계획하고 쿠바와 협력할 것임을 발표했다고도

하니 꼬뻴리아의 높은 인기를 짐작해볼 수 있다. 줄이 길어 몇 시간을 기다릴지라도 어떻게 이 유명한 아이스크림을 먹지 않고 그냥 지나칠 수 있을까?

모든 종류의 아이스크림이 가능한 게 아니라 그날그날 재고 비축 정도에 따라서 종류가 달라진다. 예를 들어 당일 준비되어 있는 아이스크림이 프레사(fresa: 딸기), 초코라띠(chocolate: 초콜릿)의 두 종류라면 이 두 종류만 주문할 수 있다. 매일매일 준비되어 있는 아이스크림의 종류는 가격표 있는 곳에 적혀 있다.

✚ 꼬뻴리아 이용 안내

▶ **이용 시간:** 화~일 10:00~21:15 ▶ **가격:** 외국인 전용 코너에서는 아이스크림 꼬뻴리아가 9CUC, 내국인 전용 코너에서는 1bola(숟가락)에 2CUP ▶ **주소:** Calle 23 y L, Vedado

> **Tip.**
> 꼬뻴리아에 갈 경우 비바람이 부는 추운(쿠바인들에게) 날씨나 오픈시간에 맞추어서 가면 줄을 서서 기다릴 필요 없이 내국인 코너에서 저렴하게 먹을 수 있다.

▶ 꼬뻴리아에서 주문하기

외국인은 입구 왼쪽에 코너가 따로 있지만 가격이 내국인 코너보다 비싸다. 그러나 외국인이라도 내국인 코너에서 줄을 서서 기다린 후 저렴하게 맛볼 수 있다. 단, 최소 1시간 이상은 기다려야 한다.

1. 내국인 코너에서 줄을 서서 먹을 경우 본인 순서가 되면 직원이 안내하는 장소로 이동한다.

2. 안내된 자리에 앉으면 물 한 잔을 준다.

3. 직원이 주문을 받는다(아이스크림과 조각 케이크). 결제는 다 먹은 다음에 하면 된다.

딸기 아이스크림 한 스푼을 먹고 싶으면 "운 볼라 데 프레사(Un bola de fresa)." 케이크 한 조각이 먹고 싶으면 "운 피에사 데 빤(Un pieza de pan)."이라고 말하면 된다.

꼬뻴리아
어떻게 가야 할까?

 T1 시티투어 버스를 타고 아바나 리브레 호텔에서 내린다.

2 버스에서 내려 왼편으로 길을 잡는다.

3 'YARA(야라)'라고 적혀 있는 건물 쪽으로 길을 건넌다.

4 길을 건넌 후 왼쪽으로 다시 길을 건넌다.

5 길을 건넌 후 약 100m 직진하면 꼬뻴리아가 보인다.

02

둘째 날,
역사 속에 남겨진 쿠바의 자존심

Cuba

둘째 날. 쿠바가 남겨놓은 자존심과 역사의 현장들을 둘러보자. 쿠바혁명의 역사적 현장이자 세계 최고의 지성인들이 모이는 장소 아바나 대학교, 공산국가라고는 믿기지 않을 정도로 평화로운 쿠바의 길거리 음악과 자유롭게 사랑을 나누는 연인들의 모습을 목격할 수 있는 말레꼰, 그리고 스페인 식민 지배의 흔적이자 현재 가장 쿠바다운 제례의식의 중심인 산 까를로스 까바냐 요새까지 쉼 없이 달려보자.

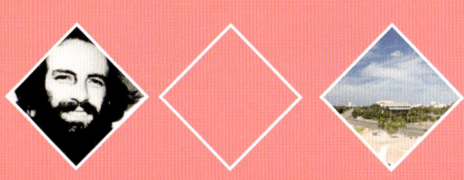

둘째 날, 일정 한눈에 보기

혁명 광장
∨
호세 마르띠 기념탑과 기념관
∨
아바나 대학교
∨
말레꼰
∨
산 까를로스 까바냐 요새

둘째 날 일정지도

- 나씨오날 호텔
- 라 소라 이 엘 꾸에르보
- 아바나 리브레 호텔
- 꼬뻴리아
- 꼴리나 호텔
- 아바나 대학교
- 라 플로르 데 로또
- Abenida 23
- 10 de Octubre
- Carlos III
- Avenida de la Independencia
- Calz de Ayestaran
- 10 de Octubre
- 추천 까사
- 호세 마르띠 기념관
- 혁명 광장
- 추천 까사
- Universidad
- 비아술 터미널

체 게바라의 흔적이 가득한 혁명 성지,
혁명 광장
Plaza de la Revolución

이 광장은 1920년대 프랑스 파리의 에투알 광장을 모델로 장 클로드 포레스가 계획·구상했다. 1959년에 현재의 모습을 갖추었으며 특히 쿠바의 상징적 중심지로 개발했다고 한다. 축구장 3개의 크기로 넓게 조성된 혁명 광장은 처음에는 '시민 광장'으로 명명되었다가 쿠바혁명 이후 '혁명 광장'으로 이름이 바뀌었다. 즉 쿠바혁명과 함께 세계적으로 유명해진 관광 명소다.

1960년에는 혁명 광장의 상징인 내무부성 건물이 완성되었다. 건물 외벽에 체 게바라의 작별 편지에 나오는 'Hasta la victoria siempre(영원한 승리의 그날까지)!'라는 글귀와 그의 얼굴을 철근으로 형상화했다. 2009년 내무부성 건물 옆에 통신부 건물을 세우면서 'Vamos bien Fidel(피델 잘 있지)?'이라는 글귀와 함께 까밀로 씨엔푸에고스의

철근 형상을 추가했다. 이 두 영웅은 피델 까스뜨로가 가장 존경하는 사람이다.

혁명 광장은 세계에서 31번째로 큰 광장이며 쿠바의 대규모 집회는 대개 이 혁명 광장에서 이루어진다. 특히 매년 2번, 노동절(5.1)과 쿠바혁명기념일(7.26)에 혁명 광장에서 큰 집회가 열린다. 그 외에도 1998년에 쿠바 인구의 1/10인 100만 명이 모여 집회를 열었고, 2012년 3월에는 이곳에서 베네딕토 16세가 미사를 집전하기도 했다. 참고로 쿠바 인구의 85%가 가톨릭 신자다.

Tip.

까밀로 씨엔푸에고스(Camilo Cienfuegos, 1932~1959)
쿠바의 혁명가이자 군인. 정치가다. 1953년에 병영에 참가한 후 피델 까스뜨로, 체 게바라와 함께 쿠바혁명에 참가했으며 1958년 정부군을 격파하며 영웅으로 대접받는다. 1959년 혁명 성공 후 농업 개혁에도 영향을 미쳤으나 혁명 성공 9개월 후 의문의 비행기 사고로 실종된다. 체 게바라가 카리스마의 상징이었다면 까밀로 씨엔푸에고스는 시골 아저씨 같은 푸근한 미소로 선한 혁명가의 상징이었다. 현재 쿠바 내국인 화폐 20CUP 속의 인물이다.

쿠바라는 나라를 이야기할 때 많은 사람들은 체 게바라의 철근 형상을 떠올린다. 체 게바라의 형상만큼 세계인의 마음속에 각인된 혁명 광장을 내리쬐는 햇볕 아래 뚜벅뚜벅 걷고 있자니 강렬한 군홧발 소리가 들리는 듯하다. 여행자의 발이 금단의 장소를 넘자 군복을 입은 경비병의 호루라기 소리가 광장을 따라 끝없이 메아리친다. 그들의 자존심이란!

광장에 끝 간 데 없이 운집한 사람들로 인산인해를 이루고 있는 모습을 상상해본다. 피델 까스뜨로가 되어 쩌렁쩌렁 연설하는 모습과 함께. 연설 중간중간 터지는 박수 소리가 광장에 울려 퍼진다. 혁명 광장은 바로 그런 곳이다. 가만히 서 있기만 해도 가슴이 울리고 깊은 사색에 빠질 수 있는 장소다. 광화문이 우리의 역사와 정치의 중심지이듯 혁명 광장은 쿠바 역사의 산 유물이자 상징이다.

오늘도 쿠바는 또 다른 혁명을 꿈꾸며 심호흡을 하고 있다. 내무부성을 지키고 있는 미소 가득한 체 게바라의 얼굴은 이방인들의 승리를 마음껏 빌어주는 것 같다. 저 멀리 호세 마르띠 동상이 보인다. 동상 옆에서 휘날리는 쿠바 국기가 정체되어 있는 쿠바를 저 멀리 날려버릴 것처럼 힘차게 펄럭이고 있다.

혁명 광장
어떻게 가야 할까?

 센뜨로 아바나 중앙 공원에서 T1 시티투어 버스를 탄다.

 말레꼰을 지난다.

 베다도 호텔 지역을 지난다.

 혁명 광장에 도착해 버스에서 내린다.

혁명 광장
어떻게 돌아보지?

1. 혁명 광장에서 내려 바로 뒤편 통신부 건물을 보면 'Vamos bien Fidel(피델 잘 있지)?'의 글귀와 함께 까밀로 씨엔푸에고스의 철근 형상을 볼 수 있다.

2. 통신부 건물을 보고 왼편으로 200m를 이동하면 'Hasta la victoria siempre(영원한 승리의 그날까지)'와 체 게바라의 철근 형상이 있는 내무부성 건물이 보인다.

3. 두 건물을 배경으로 둔 혁명 광장은 세계적으로 손꼽히는 큰 광장 중의 하나이고(약 2만 2천 평) 쿠바 체제의 확고함을 상징한다.

Tip 1.

신 시가지인 베다도에 머무르고 있다면 아바나 리베라 호텔이나 23번가에서 시티투어 버스를 타고 중앙공원에 내려 까삐똘리오, 오비스뽀 거리, 아르마스 광장 등을 둘러본 후 다시 시티투어 버스를 탄다. 베다도에서 센뜨로 아바나까지 걷기에는 너무 먼 거리다. 택시를 탈 경우 시티투어 버스 가격인 5CUC 이상은 요구하므로 시티투어 버스를 타고 센뜨로 아바나도 구경하고 둘째 날 일정도 소화하는 것이 경제적으로 알차게 하루를 보낼 수 있는 방법이다.

Tip 2.

T1 시티투어 버스는 산 까를로스 까바냐 요새를 제외한 둘째 날 일정지를 모두 경유하기 때문에 이동시 편리하다. 아침 9시부터 저녁 6시까지 30분 간격으로 버스가 있다. T1 시티투어 버스를 잘 활용하면 둘째 날 일정뿐만 아니라 쿠바의 대표 간식인 꼬뻴리아 아이스크림, 핫도그, 그리고 마지막 여행 일정에 포함된 민속 공예품 시장과 아멜 거리까지 하루에 다 돌아볼 수도 있다. 센뜨로 아바나와 베다도까지 한번에 둘러볼 수 있어 교통비도 절약할 수 있으니 참고하자.

T1 주요 노선

Parque Central(중앙 공원) → Hotel Riviera → Hotel Presidente → Plaza De La Revolución(혁명 광장) → Cementorio Colon(공동 묘지) → Parque Almendares → Hotel Kholy → Hotel Capacabana → Complejo Trition → Neptuno → La Cecita(반환점) → Miramar Trade Center → Acuario Nacional → Hotel Kholy → Parque Almendaras → Cementerio Colon → Plaza de La Revolución → 23 y L(베다도 23번가) → Mincex → Hotel Deauille → Gran Teatro de La Habana → Bar Cabañna → Castillo de La Real Fuerza(레알 푸에르사 요새) → Parque Central

---

Tip 3.

혁명 광장 앞 버스 정류장은 거대한 올드카 박물관을 방불케 한다. 옛것을 그리워하는 관광객들의 시선을 사로잡는 이 멋진 올드카들은 주로 택시로 이용되고 있으며, 일부는 관광객들이 직접 혁명 광장 외곽 도로에서 운전해볼 수도 있다. 물론 비용은 비싸다. 아직 올드카를 사진에 담지 못했다면 다음 투어 버스가 오기 전에 이곳에서 올드카를 배경으로 멋진 추억을 남기길 바란다.

쿠바 독립 영웅을 추모하다,
호세 마르띠 기념탑과 기념관
Memorial José Martí & Museo José Martí

호세 마르띠 기념탑과 기념관은 쿠바혁명의 영웅이며 사상가이자 시인인 호세 마르띠를 기념하기 위한 장소다. 호세 마르띠 탄생 100주년인 1953년에 착공해서 1958년 완성했다. 기념탑은 오각형의 별모양으로 층을 쌓아올린 형식이다. 별은 공산혁명의 상징이기도 하고 이곳이 역사와 문화의 중심지임을 의미한다.
기념탑 뒤편에는 대통령 집무실이 있어 집무실을 경호하는 근위대의 경비가 삼엄하다. 기념탑 정면에 세워진 호세 마르띠의 동상은 광장 쪽 체 게바라와 까밀로 씨엔푸에고스를 물끄러미 내려다보고 있다. 기념탑의 높이는 109m이며, 탑의 1층에 자리 잡은 기념관은 총 4개의 살롱으로 구성되어 호세 마르띠의 삶과 이야기를 전해준다. 이 기념탑에 오르면 혁명 광장과 아바나의 전망을 즐길 수 있다.

✚ 호세 마르띠 기념관 이용 안내

▶ **이용 시간:** 화~토 09:00~16:30   ▶ **입장료:** 3CUC   ▶ **위치:** 호세 마르띠 기념탑 1층

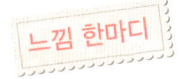

아바나에서 가장 높은 곳에 세워져 혁명 광장을 물끄러미 바라보는 호세 마르띠 동상은 더 없이 다정한 모습이다. 오른쪽 무릎 위에 오른팔을 올리고 있는 모습이 마치 로댕의 조각상 〈생각하는 사람〉을 연상시킨다. 무엇을 그렇게 생각하고 있는 것일까? 오롯이 쿠바의 독립만을 생각하며 고뇌하는 모습이 이내 마음을 사로잡는다. 그 옆으로 바람에 나부끼며 휘날리는 쿠바 국기가 내가 다른 나라도 아닌 21세기 중남미 지역에 마지막으로 남아 있는 공산 국가인 쿠바에 와 있음을 상기시켜준다.

아래에서 올려다보니 하늘을 뚫어버릴 듯한 호세 마르띠 기념탑의 웅장함에 입이 떡 벌어진다. 탑과 동상이 세워진 쿠바혁명의 본거지를 걸으며 오늘 하루 나도 그들의 혁명 역사 속으로 성큼 들어가본다.

호세 마르띠 기념관
어떻게 가야 할까?

1. 혁명 광장을 뒤로 하고 길을 건넌다. 횡단보도가 없으므로 길을 건널 때 지나다니는 차들에 주의해서 조심스럽게 건너자.

2. 길을 건너면 바로 계단이 나온다. 기념탑 주위를 돌고 싶다면 계단 입구에서 입장료 1CUC을 내면 된다.

3. 계단을 올라가면 호세 마르띠 동상을 볼 수 있다. 동상을 등지고 혁명 광장을 내려다보면 광장의 장엄함을 느낄 수 있다.

4. 뒤편으로 쿠바 정부 건물도 보인다.

5. 다시 1층으로 내려오면 호세 마르띠 기념관 입구가 나온다.

호세 마르띠 기념관
어떻게 돌아보지?

1. 기념관 입구로 들어가 왼편으로 돌면 입장권을 살 수 있는 매표소가 있다. 매표소라고 해서 거창한 것은 아니다. 책상 하나가 놓여 있을 뿐이다.

2. 매표소 정면에 호세 마르띠 흉상이 보인다. 흉상 아래 가지런히 놓여 있는 화분들에서 쿠바인들의 호세 마르띠 사랑을 느낄 수 있다.

3. 오른쪽 길로 총 4개의 살롱이 이어진다. 다음 페이지에서 자세하게 살펴보도록 하자.

4. 기념관 관람이 끝나면 출구로 나와 주위를 둘러볼 수 있다. 정원에는 호세 마르띠의 또 다른 흉상이 있고 뒤편 쿠바 정부 건물을 더 가까이에서 볼 수도 있다.

★ **SALA 1**   오른쪽 길로 첫 번째 살롱이 나온다.

호세 마르띠의 어릴 때 사진들과 막시모 고메스(Maximo Gómez), 안또니오 마쎄오(Antonio Maceo), 쎄씰리오 아꼬스따(Cecilio Acosta) 등과 주고받은 편지 및 사진들이 전시되어 있다.

★ **SALA 2**   나와서 오른쪽으로 이동하면 두 번째 살롱이 나온다.

두 번째 살롱에는 까스뜨로가 쿠바 국기를 들고 있는 모습, 혁명기념관에 헌화하는 모습을 담은 사진이 보인다. 호세 마르띠 흑백사진, 마리아 만띠야(Maria Mantilla)의 편지, 호세 마르띠 기념관에 헌화하는 피델의 사진 등도 있다.

Tip 1.

일요일에는 기념관에 들어갈 수 없고 기념탑 주위를 돌기 위한 계단조차 올라갈 수 없다. 일요일을 피해 이곳을 방문하도록 하자. 만약 화장실이 급하면 기념관 안쪽 살롱 2~3 사이에 화장실이 있으니 참고하자.

Tip 2.

대부분의 관광객은 사진 몇 장으로 혁명 광장에서의 일정을 마무리한다. 사실 많은 기대와 설렘으로 쿠바 땅을 밟으면서 사진 몇 장만 남는다면 너무 허무하지 않을까? 호세 마르띠 기념탑까지 방문해 혁명 광장을 내려다본 모습에 맘껏 취해보자.

★ **SALA 3** 다음으로 세 번째 살롱이 나온다.

수백만 명이 모인 혁명 광장에서 피델이 연설하는 사진과 체 게바라의 사진 등이 있다. 또한 호세 마르띠에게 수여된 훈장 및 그의 얼굴이 들어간 쿠바 돈이 전시되어 있다.

★ **SALA 4** 다음 칸으로 이동하면 네 번째 살롱이 나온다.

쿠바 발레학교에서 수업을 받는 쿠바 학생들의 흑백 사진이 있다.

Tip.

호세 마르띠(José Martí, 1853~1895)

쿠바의 시인, 수필가, 애국지사다. 스페인에 대항해 순국한 쿠바 독립 운동의 상징적 인물이다. 마르띠의 극적인 죽음은 아직까지도 회자된다. 1895년 도스리오스 전투에서 스페인군과 대치해 견고하게 진을 치고 있는 상황이었다. 마르띠 옆으로 젊은 전사가 지나갔고, 그 순간 마르띠는 "젊은이여, 돌격!"이라고 외치며 돌격한다. 그는 검은 옷을 입고 흰말을 타고 있어 누구보다도 적의 눈에 잘 띄었고 그로 인해 사망하게 된다. 쿠바는 레닌, 마르크스보다 사상적 지주인 마르띠에게 영감을 얻고 있다. 쿠바의 아리랑이라고 할 수 있는 〈관따나메라(Guantanamera)〉는 마르띠가 지은 시에 곡을 단 것이다.

쿠바 교육의 살아 있는 현장,
아바나 대학교
Universidad de la Habana

아바나 대학교는 1728년 아메리카 대륙에 세워진 첫 번째 대학교다. 설립 당시에는 구 시가지인 아바나 비에하의 산 끄리스또발에 있다가 1902년 베다도 지역의 현재 위치로 이전했다. 아바나 대학교의 설립 당시 명칭은 '왕립 교황 성 제로미노 아바나 대학교'였다. 이때만 해도 대학교를 설립하기 위해서는 왕실이나 가톨릭의 인증을 받아야 했기 때문에 대학교명에 왕립이나 교황이라는 단어를 넣어야만 했다. 그러다 1842년 대학교와 종교가 분리되자 '왕립 문화 아바나 대학교'로 이름이 바뀌었고, 최종적으로 쿠바공화국 시절 현재의 '아바나 국립 대학교'가 되었다.

대학 중앙도서관은 1936년에 설립되었다. 1952년 학생들의 격렬한 무력시위가 있은 후 아바나 대학교가 반정부 시위의 중심지가 되자 1959년까지 잠정적으로 폐쇄

되기도 했다. 그러다 쿠바혁명 후 피델 까스뜨로가 학생시위 및 정치적 제휴관계를 재정립해서 1961년 학교를 다시 열었다. 피델 까스뜨로도 아바나 대학교 출신이다. 대학교 정문 계단 맞은편 작은 공터에는 기념탑과 흉상이 있다. 이 기념탑은 1957년 3월 학생운동의 지도자이자 공산주의자였던 호세 에체베리아가 이끌었던 무장대원 35명을 기리기 위한 것이다. 이들이 방송국과 대통령궁을 습격한 뒤 아바나 대학교로 후퇴하다가 목숨을 잃었다. 중앙도서관 앞 정원에는 쿠바혁명을 상기시키는 장갑차도 전시되어 있다.

아바나 대학교에는 자연과학 · 사회과학 · 경제학 대학으로 나뉘어 다양한 학부가 있지만 의과대학은 없다. 쿠바에서 가장 발달된 분야가 의학이라는 점을 생각해볼 때 쿠바의 최고 명문 아바나 대학교에 의과대학이 없다는 것이 의아할 수 있겠지만, 아바나 외곽 지역에 해군기지를 개조해서 설립한 라틴아메리카 의과대학이 따로 있다. 쿠바의 발달된 의학 기술을 중남미 가난한 나라들을 위해 기꺼이 전수하고 있어 중남미의 많은 학생들이 의학을 배우기 위해 쿠바로 유학을 올 만큼 유명하다.

> **Tip.**
> 라틴아메리카 의과대학교(Escuela Latinoamericana de Medicina)
> 아바나 외곽 지역의 해군기지를 개조한 대학교로 중남미와 아프리카, 미국 등 28개국에서 온 1만여 명의 학생들이 공부하고 있다. 학비와 생활비 모두를 쿠바 정부가 부담하고 있다. 각국 정부의 추천을 받아 고등학교를 졸업한 학적 증명서, 출생 · 건강 · 범죄사실 증명서 등을 제출한 다음 심사를 해서 입학 기회가 주어진다. 쿠바 자국의 의료산업 육성이 아닌 순수한 국제적 지원활동 중의 하나이며, 졸업 후 휴머니즘의 가치 아래 세계의 빈곤 지역 사람들에게 사랑의 의술을 베푼다. 현재 쿠바는 모든 국민에게 무상으로 의료를 지원하고 있다.

공산국가라고 하면 으레 갖게 되는 편견이 있다. 엄격하게 통제되는 환경, 경직된 분위기 같은 것들 말이다. 쿠바 젊은이들의 교육 현장인 아바나 대학교를 생각할 때도 그런 공산국가의 이미지를 떠올렸지만 직접 눈으로 본 아바나 대학교는 전혀 달랐다. 세계 여느 대학처럼 젊은이들의 낭만과 열정이 가득했다. 중앙정원에 들어섰을 때 주위의 활기참과 시끌벅적한 모습에 놀랄 정도였다. 교정 아무 곳에나 편하게 앉아 노트북을 펼쳐 들고 과제를 하는 모습, 인터넷 검색을 하는 모습, 어디에서도 억압이라는 단어를 찾을 수 없었다. 활기찬 젊은이들의 열정 어린 에너지가 내게도 전해와 더위에 지친 몸에 활력이 도는 것 같았다.

정원 한쪽 나무 그늘에 잠시 앉아 쉬고 있으니 호기심 어린 쿠바인들이 다가와 연신 질문을 던진다. "어느 나라에서 왔느냐?" "쿠바에는 무엇을 하러 왔느냐?" "어디를 여행중이느냐?" 등등. 길을 지나던 스페인어를 가르치는 한 교수는 "한국 학생들은 스페인어를 배우지 않느냐?" "만약 스페인어를 배운다면 다른 나라에 가기보다 이곳 쿠바에 와서 배우는 것이 좋다." "내가 정말 잘 가르칠 수 있다." "무엇보다 스페인어를 배우는 데 드는 비용이 정말 싸다."라며 쉼 없이 홍보한다. 나를 마치 한국을 대표하는 홍보대사쯤으로 여기는 것인지 매우 열정적이다. 이런 모습을 보고 있자니 이곳이 쿠바 교육의 중심지라는 것을 다시금 느낀다.

아바나 대학교
어떻게 가야 할까?

1. 혁명 광장에서 T1 시티투어 버스를 탄다. 반환점으로 가는 버스를 타면 반환점을 돈 후 다시 혁명 광장을 지나서 가게 되니 반환점을 돌고 오는 버스를 타면 빠르게 갈 수 있다.

2. 버스를 타고 혁명 광장을 지난 후 아바나 리브레 호텔에서 내린다.

3. 버스가 내려온 방향으로 약 50m를 걸어가면 꼴리나 호텔이 왼편에 보인다.

4. 꼴리나 호텔을 지나 45도 오른쪽을 보면 아바나 대학교가 보인다.

아바나 대학교
어떻게 돌아보지?

1. 대학교 정문 계단 제일 위에 알마 마떼르(Alma Mater) 흉상이 두 팔을 벌려 반긴다. 이 흉상은 지혜의 여신상으로, 알마 마떼르는 라틴어로 '모교'라는 뜻이다.

2. 알마 마떼르 흉상이 바라보는 쪽을 보면 저 멀리 아바나 항구가 보인다.

3. 흉상을 지나면 그리스 신전을 방불케 하는 기둥으로 만들어진 레끄또라도(Rectorado: 학장 혹은 총장실을 의미) 건물이 있다.

4. 레끄또라도 건물 안쪽 왼편에는 1961년 대학교를 다시 열었다는 글을 새긴 석판이 있다. 이 석판은 2001년 4월 피델이 기증한 것이다.

5. 입구를 지나면 깨끗하게 정돈된 정원이 나온다.

6. 정원의 오른쪽을 보면 쿠바혁명 당시 사용되었던 장갑차가 전시되어 있다.

7. 정원 왼쪽에는 수학과 물리학 전공자들을 위한 자연과학 대학 건물이 있다.

8. 오른쪽 건물에는 학생들이 공부하는 학부 강의실이 있다.

9. 정원을 지나 직진하면 중앙도서관을 볼 수 있다. 아직 전산 시스템이 되어 있지 않아 옛날 방식으로 책을 대출한다.

아바나의 낭만 가득한 산책 명소,
말레꼰
Malecón

말레꼰은 아바나 비에하, 센뜨로 아바나, 베다도 지역까지 뻗어 있으며, 그 거리는 8km 정도다. '방파제'라는 의미의 말레꼰은 몰아치는 거센 파도에게서 아바나를 따뜻하게 지켜준다. 이곳은 쿠바인들에게 시원한 카리브 해의 바다향을 안겨주는 산책로이자 쉼터다. 쿠바를 찾으면 한번은 꼭 걸어봐야 할 낭만의 거리이기도 하다.
미군정하였던 1901년에 말레꼰 공사를 시작했다. 바다로부터 도시를 보호하기 위한 목적이었다. 공사를 시작한 후 1902년 첫 500m 구간 건설을 축하하기 위해 미군정은 빠세오 델 쁘라도(Paseo del Prado)라는 원형 교차로를 건설했고 미라마르 호텔(Hotel Miramar)도 들어섰다. 원형 교차로에서는 매주 일요일에 밴드들의 연주가 이어진다.

이후 쿠바 정부가 공사를 계속 진행했고 1921년에는 우스 마이네(Uss Maine) 기념비까지 세웠다. 1948~1952년에 마지막 구간인 베다도 지역의 알멘다레스 강(Almendares River)까지 공사를 마무리해 말레꼰 건설을 완성한다. 베다도 지역에는 미국대사관과 호세 마르띠 체육공원도 만들어졌다.

말레꼰은 일몰 때가 가장 아름답다. 카리브 해의 아름다운 노을을 보고 싶다면 저녁 때 말레꼰을 찾도록 하자. 또한 말레꼰은 다른 오락수단이 제한되어 있는 쿠바인들에게 가장 인기 있는 장소다. 특히 쿠바 젊은이들이 사랑을 속삭이는 곳이기도 하다. 반면 가난한 쿠바인들에게는 낚시를 통해 가족들의 생계를 이어가는 수단이 되기도 한다. 그런데 말레꼰이 유일하게 통제되는 시기가 있다. 한랭전선이 다가오면서 거센 파도가 몰아칠 때 모든 도로는 폐쇄된다. 자동차는 물론이고 사람이 접근하는 것조차 불가능하다.

Tip.

말레꼰을 걷기 전 말레꼰의 전경을 보고 싶다면 나씨오날 호텔(Hotel Nacional)로 들어가라. 정문으로 들어가 로비를 지나 직진하면 야외 테이블이 놓여 있는 공간이 나온다. 이곳에서 말레꼰을 바라보면 말레꼰의 풍경이 한눈에 들어온다. 현지 가이드가 일부러 이곳으로 관광객을 안내할 정도다. 주위 풍광만 구경하고 나가도 되고, 잠시 야외 테이블에 앉아 맥주나 모히또를 마시며 말레꼰을 천천히 감상해도 된다. 나씨오날 호텔 로비를 지나 오른쪽으로 돌면 부에나 비스타 소셜 클럽의 공연장으로 유명한 '1930 살롱' 입구도 볼 수 있다. 야외 테이블에서 맥주는 3CUC, 모히또와 다이끼리 칵테일은 5CUC 정도다.

Tip.

막시모 고메스(Máximo Gómez, 1836~1905)

도미니카에서 태어나 스페인군의 장교로 쿠바에 입국했다. 그러나 1868년 전역 후 독립군을 이끌고 스페인군과 전투를 벌였으며, 특히 1871년 관타나모에서 스페인군을 축출하기 위한 작전에 참여하기도 했다. 높은 지도력을 보이며 쿠바군의 원수가 되기도 했지만 1898년 독립 후 대통령 제의를 고사하며 조용한 삶을 살았다. 쿠바의 외국인 화폐 10CUC에 그려진 인물이다. 말레꼰 해변에 동상이 있다.

바위에 부딪치는 파도가 하얀 물거품을 만들어낸다. 부서지는 파도를 보고 있자니 내 가슴속도 뻥 하고 뚫리는 것 같다. 우리나라에서는 배우 소지섭의 모 광고 촬영 장소로 잘 알려진 말레꼰. 그가 시에프에서 거닐었던 말레꼰을 오늘은 내가 걷고 있다. 붉게 타오르는 노을빛에 나를 맡겨본다.

말레꼰을 찾은 연인들은 서로에게 어깨를 기댄 채 와인보다 더 붉게 물든 카리브 해를 바라보고 있으며, 아이들은 파도를 빗 삼아 해맑은 웃음을 던지며 놀고 있다. 샹화를 신은 쿠바 남자는 대나무 자루를 낚싯대 삼아 파도를 낚는 데 여념이 없다. 참 자유롭고 아름다운 곳이다. 말레꼰에 오면 사람들은 그들의 사랑과 마음을 전부 바다에 드러내는 듯하다.

도로 위로 넘친 바닷물을 헤집고 달리는 올드카가 한층 더 멋있어 보인다. 아마도 쿠바의 말레꼰이 더 낭만적인 것은 큰 굉음을 쏟아내며 달리는 올드카의 멋 때문이기도 하리라. 흡사 타임머신을 타고 50년 전 과거로 돌아온 듯하다.

말레꼰

어떻게 가야 할까?

▶ 아바나 대학교에서 가는 방법

1. 아바나 대학교을 구경한 후 내렸던 장소에서 다시 T1 시티투어 버스를 탄다.

2. 나씨오날 호텔 근처 재즈 클럽에서 내린다. 아바나 대학교와 아바나 리브레 호텔을 지나 오른쪽으로 돈 후, 다음 정거장에서 내리면 된다. 간혹 멈추지 않고 그냥 지나치는 일도 있으니 안내 방송을 하는 사람에게 "나씨오날 호텔"이라고 말하자.

3. 나씨오날 호텔을 둘러보길 원할 경우, 내린 장소에서 왼편으로 길을 건너 골목으로 들어가면 약 200m 앞에 나씨오날 호텔이 나온다.

4. 나씨오날 호텔을 들리지 않을 경우, 내린 장소에서 약 200m를 직진해서 주유소를 지난다.

5. 말레꼰이 나온다.

▶ 까삐똘리오에서 가는 방법 1

1. 오비스뽀 거리에 들어선다.

2. 아르마스 광장까지 걸어간다.

3. 아르마스 광장을 끼고 왼쪽으로 길을 돈다.

4. 멀리 모로성이 보인다.

5. 모로성을 왼편에 두고 약 200m를 걸어가면 말레꼰이 나온다.

▶까삐똘리오에서 가는 방법 2

 까삐똘리오를 정면으로 보고 오른쪽으로 길을 잡는다.

 잉그라떼라 호텔(Hotel Inglaterra)을 지난다.

 오른편으로 쁘라도 거리(Paseo de Prado)가 나온다.

 쁘라도 거리를 끝까지 걸어가면 말레꼰이다.

말레꼰
어떻게 돌아보지?

1. 나씨오날 호텔에서 내려와 오른쪽으로 방향을 잡고 말레꼰 해변을 따라 걷다 보면 막시모 고메스 동상이 제일 먼저 눈에 들어온다.

2. 말레꼰에는 쿠바인들의 다양한 모습이 있다. 낚시를 하거나 편히 쉬는 사람들, 파도와 장난치는 아이들의 모습들을 볼 수 있다.

3. 그렇게 말레꼰을 걷다 보면 제일 끝자락 모로성 근처에서 미란다(Miranda)의 동상을 볼 수 있다. 프란시스코 미란다는 베네수엘라를 비롯한 스페인의 지배를 받던 중남미 국가의 독립을 이끈 혁명가들의 선구자다.

4. 쿠바인들의 쉼터인 말레꼰을 천천히 걸어보자. 시원한 파도와 함께 온갖 상념들이 사라질 것이다. 바람이 많이 불고 파도가 거세지는 날, 말레꼰은 학교 수업을 일찍 마친 학생들의 놀이터가 된다. 시원한 파도를 바라보며 쿠바인들의 쉼터 말레꼰을 천천히 걸어보자.

카리브 해의 쿠바 지킴이,
산 까를로스 까바냐 요새
Fortaleza de San Carlos de la Cabaña

산 까를로스 까바냐 요새는 스페인의 왕 까를로스 3세(Carlos III)의 이름을 따서 만든 곳이다. 1763년 군 기술자인 실베스뜨레 알바르까(Silvestre Albarca)의 지시에 따라 건설이 시작되었다. 1774년 요새가 완성되었을 때 산 까를로스 까바냐 요새는 아메리카 지역에서 가장 화려하고 웅장한 요새였다.

사실 까바냐 요새를 만들기 전부터 16세기 모로성 설계자인 후안 바우띠스따(Jiam Bautista)는 언덕과 섬에 대한 전략적 가치에 대해 조언을 했었다. 하지만 조언은 받아들여지지 않았고 섬은 계속 방치되었다. 그러다가 1762년 영국과의 전투에서 크게 패해 영국이 장악했던 섬을 탈환한 후에야 까를로스 3세는 실베스뜨레 알바르까에게 요새 건설을 지시했고 그렇게 공사가 시작된 것이다.

까바냐 요새는 모로성과 연결되어 있고 700m의 성벽과 4만㎡의 면적으로 아메리카에서 가장 큰 요새이자 전략적 요충지다. 건설 이후 스페인 식민 시대에는 스페인 군대의 가장 큰 요충지였고, 이후 쿠바 독립전쟁 당시에는 사형 집행 장소와 감옥으로 이용되었다. 쿠바혁명 이후에는 전범자, 정치범, 반역자, 바티스타 정권을 심판하는 장소로 사용되기도 했다. 특히 체 게바라는 요새를 혁명 사령부 건물로 사용했다. 1986년 요새의 복원작업을 하며 까바냐 군사 공원을 조성했고 1992년 복원이 완료된 후 요새의 역사를 알려주는 무기 박물관, 체 박물관, 모노그래픽 박물관을 한곳에 열었다.

까바냐 요새에 가면 바, 레스토랑, 기념품점, 시가 가게뿐만 아니라 모든 박물관들을 구경할 수 있다. 특히 매일 밤 18세기의 전통복장을 갖추어 입은 군인들이 8시 30분에 대포 발사 예식을 진행하며 9시에 발사되는 대포는 요새 문이 폐쇄됨을 알린다.

✚ 산 까를로스 까바냐 요새 이용 안내

▶ 이용 시간: 10:00~22:00   ▶ 입장료: 오후 6시 이전 입장 6CUC, 오후 6시 이후 입장 8CUC   ▶ 전화번호: (+53)7 637063

까바냐 요새 입구에 발을 디디기가 무섭게 영화나 텔레비전에서나 보았던 광경이 펼쳐진다. 18세기 제식복을 입은 유럽군이 전투시 사용했던 대포와 대포알이다. 마치 영화 세트장에 온 듯한 착각이 든다. 성벽 사이에 끼어 있는 이끼들이 세월의 흔적을 말해준다. 까바냐 군사 공원에 들어서자마자 탁 트인 시야에 유럽풍 건물들이 들어온다. 요새에서 바라보는 쿠바 시내는 너무나 평화로워 보인다.

까바냐는 천연의 요새다. 요새 앞에 펼쳐진 광활한 아바나 항을 넘지 않으면 아무도 들어올 수 없다. 까바냐는 높은 지역에 우뚝 솟아 있고 아바나 시내를 품에 아우르듯 설계되어 있다. 발길 닿는 곳곳에 대포가 놓여 있고 이로 인해 나폴레옹의 전쟁터 요새에 온 듯한 느낌이 들었다. 8시 30분 포격식에 맞추어 제복을 갖춰 입은 군인들의 목소리가 쩌렁쩌렁하게 울려퍼진다. 이들이 쿠바를 더욱 안전하게 지켜주는 것이리라. 9시 정각에 격발되는 대포 소리는 귓가를 찢어놓을 듯해 가슴을 한참 쓸어내려야 했다. 짧지만 강한 인상을 남겨준 까바냐 요새. 해질녘 까바냐 요새에서 바라본 아바나 시내에는 하나둘 불이 켜지고 있었다. 아바나 저녁의 활기에도 불이 붙는 듯하다.

산 까를로스 까바냐 요새
어떻게 가야 할까?

▶ 일반 택시로 가는 방법

택시 타기 전 왕복으로 예약을 하면 더 저렴하게 갔다 올 수 있다. 까삐똘리오에서 택시를 탈 경우 왕복 10~12CUC 정도다.

Tip.

쿠바의 택시는 차종이 다양하고 통일되어 있지도 않다. 그래서 많은 여행자들이 '차를 잘못 타서 위험해지지는 않을까?'라는 의심과 걱정을 한다. 사실 'TAXI(딱시)'라고 표시되어 있으면 아무 문제가 없지만 그래도 불안하다면 호텔 앞에 정차되어 있는 노란 택시를 이용하자.

▶ 자전거 택시로 가는 방법

일반 택시보다는 저렴하지만 요새로 가는 지하터널을 지날 때 위험하기 때문에 현지인들조차 꺼리는 방법이다.

▶ 꼬꼬 택시로 가는 방법

꼬꼬 택시를 아직 한 번도 타보지 않았다면 한 번쯤 타보는 것도 좋다. 비용은 일반 택시보다 비싸며, 편도 7~10CUC 정도다.

▶ 시내버스로 가는 방법

쁘라도 거리에서 58번 버스를 탄다. 지하터널을 지나 톨게이트 창구 같은 곳을 지나자마자 내린다. 내린 후 꼬불꼬불한 산길을 따라 1.5km 정도 걷는다. 요새에 갈 때는 시내버스를 타고 가더라도 돌아올 때는 택시를 타는 게 안전하다.

산 까를로스 까바냐 요새
어떻게 돌아보지?

1. 두 번째 입구 왼편에 표시되어 있는 'ENTRADA(엔뜨라다)'에 가서 입장료를 지불한다.

2. 표를 끊은 후 나와서 오른쪽 비탈길로 올라가면 아바나 항구가 보이는 사진 찍기 좋은 곳이 나온다.

3. 비탈길을 다시 내려오면 정면에 요새로 들어가는 다리가 있다. 이 다리를 지나 직원에게 표를 보여준다.

4. 왼편으로 노천 가게들이 있다. 손수 만든 물건들이 대부분으로 직접 조각한 목공품부터 장식구까지 제품도 다양하다.

5. 길을 따라 걸으면 오른편에 성당 중심 건물이 나온다.

6. 성당을 지나 정면을 보면 까바냐 요새의 배치도를 한눈에 볼 수 있다.

7. 맞은편에 대포와 대포알이 배치되어 아르마스 광장이 보인다. 축구공만 한 대포알이 사뭇 인상적이다.

8. 왼편 식당을 지나 첫 번째 살롱에 들어가면 실제 감옥 안의 모습을 재현한 감옥 전시장(Exposicion de Prisones)이 있다.

9. 두 번째 살롱에는 고대 유인원 시대와 관련된 사진들과 공격 돌차 등이 전시되어 있다.

10. 옆 전시장에는 대포와 관련된 여러 가지 물건이 전시되어 있다.

11. 체의 사진과 책상, 체가 사용했던 권총 등의 무기들이 전시되어 있다. 체의 박물관이라고 해도 무리가 없다.

12. 마지막 전시장은 피델 까스뜨로가 가장 사랑한 나라 베네수엘라에 관한 전시장이다.

13. 요새로 올라가면 바다 건너 아바나 시내의 멋진 야경을 볼 수 있다.

14. 직진해서 비탈길로 내려가면 왼편에 건물이 하나 보인다. 체가 혁명 당시에 이용했던 집무실이다.

15. 요새의 왼쪽으로 가서 저녁 8시 30분부터 시작되는 포격식 예식을 구경한다.

Tip.

포격식은 요새의 왼쪽 편에서 진행한다. 저녁 8시 20분 정도가 되면 포격식을 더 가까이에서 보기 위해 주변에 사람들이 모여든다. 그렇기 때문에 가까이에서 보고 싶거나 사진을 찍기 위해서는 8시 정도에 미리 자리를 잡는 것이 좋다.

쿠바, 무엇을 먹을까?

다양한 요리를 즐길 수 있는 쿠바 대표 레스토랑,
엘 뜨로페오(El Trofeo)

엘 뜨로페오는 처음 미니바로 문을 열었다. 그러다가 2002년에 정식 레스토랑으로 탈바꿈했고 현재 아바나 비에하에서 가장 유명한 레스토랑이다. 레스토랑 내부는 쿠바와 스페인 스타일의 삼나무 및 마호가니와 가죽을 이용해서 장식했다. 흡연공간과 바가 따로 마련되어 있으며 때때로 라이브 공연과 피아니스트의 연주를 들을 수 있다.

이 레스토랑의 가장 큰 특징은 한 건물에서 다양한 나라의 요리를 즐길 수 있다는 것이다. 1층 입구에서 계단으로 올라와서 문을 열고 들어가면 쿠바 음식을 파는 레스토랑이고 쿠바 음식 레스토랑 내부에 있는 계단으로 내려가면 스페인 음식을, 올라가면 이탈리아와 그밖의 다른 나라 음식을 맛볼 수 있다. 무엇보다 가격이 저렴하

CENA CUBANA(쎄나 꾸바나) BUCANERO(부까네로)

고 음식이 맛있어 인기가 높다. 다만 그 인기 탓에 1층 입구에서부터 긴 줄이 이어진다. 기본 1시간 이상 기다려야 음식을 먹을 수 있을 정도다. 특히 점심시간(오후 2~4시)이나 저녁시간(저녁 7시 이후)에는 줄이 매우 길다. 좀더 편안하게 식당을 이용하고 싶다면 되도록 붐비는 시간대를 피하는 것이 좋다.

자리에 앉아 엘 뜨로페오의 메뉴판을 보면 닭고기, 해산물 등 다양한 재료로 만든 메뉴가 있다. 메뉴판은 스페인어뿐만 아니라 영어로도 적혀 있어 여행객들이 이용하기 좋다. 쎄나 꾸바나는 구운 돼지다리 고기와 쌀밥, 팥, 유까(yuca)가 함께 나오는 쿠바 전통 음식이다. 혼자서 다 먹을 수 없을 정도로 양이 많다. 여기에 쿠바 맥주 부까네로를 곁들인다면 금상첨화다.

✚ 엘 뜨로페오 이용 안내

▶ **이용 시간**: 10:00~24:00 ▶ **가격**: 4~12CUC ▶ **주소**: Paseo del Prado #563 e/ Dragones y Teniente Rey, Habana Vieja ▶ **전화번호**: (+53)7 8632985

Tip.

식당 앞은 항상 줄이 길다. 특히 주말 저녁 7시 이후에는 쿠바인과 관광객들로 줄의 끝이 없을 정도다. 만약 이 식당을 찾는다면 주말과 가장 붐비는 시간대를 피해 오후 3시에서 6시 사이에 식당을 찾는 것이 좋다. 그리고 그 주위를 서성이는 시가 호객행위가 많으니 주의하자.

까삐똘리오를 구경하다 길 건너에 많은 사람들이 줄지어 서 있는 모습을 보고 호기심에 우연히 들른 식당이다. 계단부터 식당 입구로 들어서는 길이 너무나 음산해 '이곳이 과연 식당이 맞나?'라는 의구심이 들 정도였다. 가장 전통적인 쿠바 음식을 먹고 싶은 마음에 종업원에게 추천을 받아 먹어본 음식이 바로 쎄나 꾸바나다. 쿠바인들의 유까 사랑은 알고 있었지만 여지없이 전통음식에 팥과 유까가 나왔다. 주위에서 식사를 하던 쿠바인들은 자기들의 음식을 외국인인 내가 맛있게 먹는 모습이 이상했는지 계속해서 흘낏거리며 쳐다보았다. 난 그런 호기심과 관심에 고무되어 한층 더 신바람 나는 식사를 할 수 있었다.

적당히 구워진 돼지고기 다리도 다른 식당에 비해 간이 잘 배어 있었다. 배부르게 먹고 난 후에도 음식이 남아 아깝다는 생각이 들자, 어떻게 내 마음을 알았는지 종업원이 포장해갈 수 있다는 신호를 보낸다. 물론 흔쾌히 남은 음식을 포장해 왔다. 나만 그런 것이 아니라 주위의 많은 쿠바인들도 음식이 남으면 당연히 다 가지고 간다. 외국인이 한국에 왔다면 한번쯤은 김치를 맛봐야 한국의 음식문화를 이해할 수 있듯이 나도 오늘 쿠바의 전통음식을 먹으며 쿠바의 음식문화를 조금은 이해할 수 있었다. 뜻 깊은 식사였다.

Tip.

유까(yuca)란 뿌리, 줄기, 잎 등 버릴 게 없이 활용할 수 있는 작물이며 뿌리 구근을 주로 식량으로 사용하고 있다. 남미에서는 쪄서 먹기도 하고 튀김, 스프, 빵으로 만들어 먹기도 한다.

엘 뜨로페오
어떻게 가야 할까?

1. 까삐똘리오를 정면으로 보고 왼편으로 길을 건는다.

2. 왼편으로 100m 정도 이동해서 다시 왼편으로 길을 건넌다.

3. 길을 건너면 위쪽 녹색 천에 'LOS NARDOS(로스 나르도스)', 오른편에는 'EL TROFEO(엘 뜨로페오)'라고 적혀 있다.

4. 입구에 있는 직원에게 안내를 받아 계단으로 올라가면 된다.

맛있는 오비스뽀 거리,
길거리 음식 정복

오비스뽀 거리는 쿠바인과 관광객들로 항상 인산인해를 이룬다. 사람이 모이는 장소라면 어디든지 먹거리가 넘쳐나듯이 오비스뽀 거리도 마찬가지다. 햄버거, 피자, 핫도그, 아이스크림, 추로스 등의 주전부리를 곳곳에서 판다. 오비스뽀 거리의 끝자락 오른편에는 잔으로 생수도 판다. 생수를 파는 할아버지는 인심도 좋다. 1CUP을 지불한 후 한 잔을 마시고 나면 "더 원하느냐(Quiere más: 끼에레 마스)?"라고 항상 물어본다. 고개를 끄덕이면 돈을 받지 않고도 기꺼이 한 잔을 더 내어준다. 쿠바의 주전부리 거리인 오비스뽀 거리는 먹거리도 즐기고 쿠바의 인심도 맛볼 수 있는 곳이다. 단, M/N이라고 적혀있는 곳은 CUP로 지불해야 하는 곳이다. CUP이 아닌 CUC을 지불하는 실수를 하지 않기 바란다.

오비스뽀 거리
무엇을 먹어볼까?

고기가 들어간 햄버거 10CUP
까뻬돌리오 정문에서 도로를 건너 중앙 공원으로 가는 길에서 파는 것을 볼 수 있다.

닭고기가 들어간 햄버거 10CUP
오비스뽀 거리 첫 번째 블록 끝 오른편에서 사 먹을 수 있다.

유카 3CUP
오비스뽀 거리 세 번째 블록 중간 왼편 까페떼리아(Cafeteria)에 있다.

추로스 0.5CUC
오비스뽀 거리 일곱 번째 블록 끝에 위치한 까페 빠리(Cafe Paris)에서 사 먹을 수 있다.

햄 샌드위치 10CUP
오비스뽀 거리 세 번째 블록 중간 오른편에 위치해 있으며, 오비스뽀 거리에서 가장 흔하게 볼 수 있는 먹거리 중의 하나다.

생수 한 잔 1CUP
오비스뽀 거리가 끝나는 아르마스 광장 초입 노천카페를 지나면 오른편에서 살 수 있다. 생수를 쉽게 살 수 없을 때 유용하다.

피자 10CUP
오비스뽀 거리 네 번째 블록에서 중간쯤 갔을 때 오른편에 가게가 있다.

가장 쿠바다운 먹거리 집합소
오비스뽀 거리 네 번째 블록 끝지점 왼편 건물에 위치해 있다.

노란색 과자 1CUP
바로 만들어진 과자를 먹을 수 있다.

베다도 지역 최고의 핫도그,
라 까사 데 뻬로 (La Casa de Perro)

핫도그 가게 라 까사 데 뻬로는 굳이 억지로 찾으려고 애쓸 필요가 없다. 그 근처에 가면 멀리서 봐도 항상 사람들로 넘쳐나기에 찾지 않아도 보인다. 가장 맛있고 싸게 먹을 수 있는 핫도그만 파는 가게다. 무엇보다 이곳에서 파는 핫도그의 빵은 굉장히 부드럽다. 그리고 약간 데워져 길게 놓인 햄과 곁들인 소스의 궁합이 예술이다. 그 위에 올라가는 야채 같은 것이 전혀 없는데도 그 맛에 길들여져 다시금 찾게 된다. 가게 주위에는 음식을 구걸하는 걸인들도 많다. 가끔 그들이 줄을 서 있는 쿠바인들에게 "배고픈데 하나만 사 달라."라고 이야기하면 쿠바인들은 흔쾌히 핫도그 하나를 건넨다. 가끔 인심 좋은 아주머니들은 콜라까지 건네준다. 맛있는 핫도그도 먹고 따뜻한 쿠바인들의 인정도 느낄 수 있는 곳이 라 까사 데 뻬로다.

라 까사 데 뻬로

어떻게 가야 할까?

 T1 시티투어 버스를 타고 아바나 리브레 호텔에서 내린다.

 내린 후 왼편으로 직진하면 'YARA(야라)'라고 적힌 건물이 보인다.

아바나 리브레 호텔을 오른편으로 두고 왼쪽 횡단보도를 건너 약 100m를 가면 유리창에 'LA CASA DE PERRO(라 까사 데 뻬로)'라고 적혀 있는 것을 볼 수 있다.

Tip.

핫도그 주문방법

라 까사 데 뻬로의 메뉴는 핫도그가 전부다. 단일 메뉴 핫도그를 "Pan con Perro(빤 꼰 뻬로)"라고 주문하면 된다. 콜라를 마시고 싶다면 "Coca(꼬까)"도 같이 주문해보자. (가격: 핫도그 10CUP, 콜라 10CUP)

03

셋째 날, 아바나 근교 여행 1

체 게바라가 잠든 도시
산따끌라라

Cuba

아바나에서 버스로 3시간 30분이면 도착할 수 있는 산따끌라라. 비야끌라라(Villa clara) 주에 속해 있으며, 현재 25만 명의 인구가 사는 쿠바에서 다섯 번째로 큰 도시다. 또한 중남미 혁명의 선봉장 체 게바라가 1958년 게릴라 전투가 승리하면서 쿠바혁명 성공의 분기점을 마련한 마지막 전투 현장이자 그의 유해가 묻혀 있는 도시이기도 하다. 쿠바를 떠올리면 가장 먼저 생각나는 사람, 별이 박힌 검은 베레모에 시가를 물고 있는 체 게바라! 산따끌라라에서 체 게바라 혁명의 체취를 마음껏 느껴보자.

셋째 날, 일정 한눈에 보기

체 게바라 기념관
∨
장갑열차 기념비
∨
비달 공원

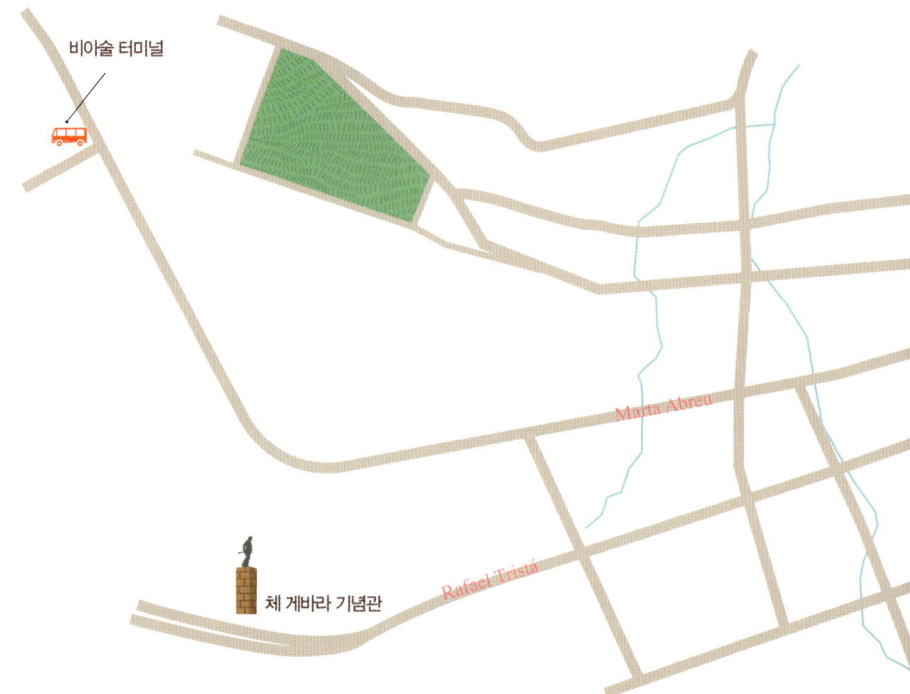

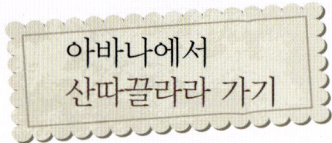

아바나에서
산따끌라라 가기

1. 산따끌라라로 이동하기

비아술 버스를 타고 휴게소 휴식 시간까지 포함해 3시간 30분 정도 소요된다. 오후 일정을 소화하기 위해서 첫차를 타는 것을 추천한다. 계절마다 출발 시간이 다르니 시간을 꼭 확인할 것.
출발 시간: 8:40, 15:35, 22:00
버스 요금: 18CUC~

① 베다도 지역 남쪽에 있는 비아술 터미널에 간다.

② 터미널로 들어가서 계단 안쪽 2층 사무실로 이동한다.

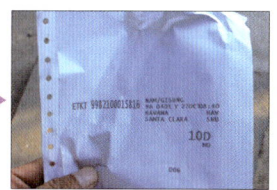
③ 버스 예약할 때 받은 바우처를 직원에게 제시하고 좌석표를 받는다.

④ 1층으로 내려와서 오른쪽 짐 맡기는 곳에 짐을 맡기고 교환 표를 받는다.

⑤ 시간이 되면 2층 오른편 B출구로 나가서 표를 내고 버스를 탄다.

Tip 1.
비아술 터미널은 항상 타 도시로 이동하는 여행자들로 인산인해를 이룬다. 혹여 줄이 길지 않더라도 시스템 문제로 시간이 오래 걸리는 경우도 있다. 특히 낡은 프린터를 사용하다 보니 표를 발급받을 때 인내심을 요구한다.

Tip 2.
산따끌라라행 비아술 버스를 예약하지 못했거나 산따끌라라행 버스표가 매진이 되었다고 해도 걱정할 필요는 없다. 비아술 터미널에서는 "미스모 쁘레씨오(Mismo Precio: 버스와 같은 가격)!"라고 외치며 택시 기사들이 호객행위를 한다. 같이 가는 인원만 맞으면 버스 시간에 구애받지 않고 행선지까지 갈 수 있는 좋은 방법이다. 산따끌라라에 도착 후 예약한 숙소까지 데려다준다는 장점도 있다.

> **Tip.**
> 머물렀던 숙소에서 베다도 지역의 비아술 터미널로 저렴하게 이동하는 방법은 시내버스를 타는 것이다. 베다도 지역에서는 꼴리나 호텔에서 27번 버스를, 센뜨로 아바나 지역에서는 까삐똘리오에서 12번 또는 27번 버스를 탄다. 50센타보라는 아주 저렴한 가격으로 비아술 터미널까지 갈 수 있다. 하지만 참고해야 할 것은 시내버스 이용은 쿠바인들조차 꺼린다는 것이다. 정시에 도착하지도 않고 가는 거리에 비해 시간이 많이 소요되기 때문이다. 그래서인지 쿠바인들은 대부분 합승택시를 이용한다. 만약 시내버스를 타게 된다면 길거리에 버리는 시간이 만만치 않음을 염두에 두기 바란다. 택시를 탄다면 베다도 지역에서는 5CUC, 센뜨로 아바나에서는 7~8CUC 정도다.

2. 산따끌라라에 도착해서

① 산따끌라라에 도착하면 바로 내려서 길을 따라 오른쪽으로 걸어 나간다. ② 터미널을 지나 출구 밖으로 나간다. ③ 마차 택시나 일반 택시를 타고 숙소까지 이동한다.

> **Tip.**
> 일반 택시나 마차 택시를 이용할 경우 비아술 터미널에서 센뜨로 비달 공원까지 2~3CUC 정도가 든다. 마차 택시는 일반 택시보다 시간이 더 소요되기는 하지만 도시의 전경을 천천히 둘러볼 수 있어 한 번쯤은 탈 만하다.

3. 산따끌라라 교통수단

도보: 도시가 크지 않기 때문에 충분히 걸어 다닐 수 있다. 비달 공원에서 서쪽 끝에 위치한 체게바라 기념관도 25분이면 걸어갈 수 있고, 동쪽 끝에 위치한 장갑열차 기념비까지도 8분 정도면 충분하다.

마차 택시 또는 자전거 택시: 도시 곳곳에 정차되어 있으며 가격 흥정이 필요하다.

4. 산따끌라라 숙소

Hotel Santa Clara Libre
주소: Parque Leoncio Vidal #6(비달 공원 서쪽)
가격: 싱글 25~30CUC, 더블 33~38CUC(아침식사 포함)

Hotel America
주소: Calle Mujica e/ Colón y Maceo(꼬뻴리아 아이스크림 가게 옆)
가격: 싱글 25~30CUC, 더블 33~38CUC(아침식사 포함)

Hostal Villa Cuba
주소: Cuba #27 Apto.3 e/ Serafin Garcia(Nazareno) y E.P.Morales(Sindico)(비달 공원 남쪽으로 도보 5분 거리)
가격: 20CUC(아침식사 포함)
이메일 : marcos0463@nauta.cu, irenita29@nauta.cu

Hostal Lumei y Dinorah
주소: Calle Central #74 e/ 3ra y Danielito
가격: 20CUC

Tip 1.
비아술 터미널에서는 숙소 호객행위가 심하다. 이미 예약을 했다고 해도 호객행위를 하는 사람들은 그 예약 숙소가 문을 닫았다고 하기도 하고 심하게는 주인이 어제 죽었다고도 한다. 이런 말을 믿지 말고 예약된 숙소로 이동하자. 예약을 했다면 대부분 까사에서 터미널까지 마중을 나오지만, 만약 그렇지 않다면 "땡고 까사(Tengo Casa: 숙소 있다)"라고 말하며 호객행위를 하는 사람들을 지나친 다음 택시를 타면 된다.

Tip 2.
산따끌라라에는 호텔이 적어 대부분 큰 여행사에서 방을 선점한 경우가 많다. 그러므로 자유여행자들이 호텔을 숙소로 정한다는 것이 어려울 수도 있다. 가장 좋은 방법은 까사로 눈을 돌리는 것이다. 까사의 장점은 방 하나에 2명이 투숙해도 금액이 같다는 것이다. 1명이든 2명이든 20CUC이다. 그렇기에 2명이 여행할 경우에는 까사를 이용하는 것이 훨씬 알차게 여행하는 방법이다.

체 게바라가 잠들어 있는 곳,
체 게바라 기념관
Museo Memorial Che Guevara

체 게바라 기념관은 산따끌라라에 있는 쿠바혁명의 국가기념물이다. 중남미 혁명의 선봉장이었던 체 게바라의 무덤이 있는 곳이기도 하다. 쿠바혁명 30주년을 맞아 피델 까스뜨로의 지시 아래 기념관을 만들었고 6년의 공사기간을 거쳐 1988년 12월 28일 완성되었다. 기념관 입구에 들어서면 청동으로 만들어진 6m 높이의 체 게바라 동상을 볼 수 있다. 동상 오른쪽에는 그의 삶을 엿볼 수 있는 편지가 적혀 있는데, 체가 볼리비아로 떠나기 전 피델에게 보냈던 마지막 작별 편지다. 라틴아메리카 본토에서 자신의 싸움을 계속할 것이라는 동기를 부여하는 편지이기도 하다. 동상 왼쪽에는 피델 까스트로, 까밀로 씨엔푸고스, 체 게바라와 산따끌라라 전투 장면이 부조되어 있다. 동상 앞에서 길 건너를 보면 바닥에 빨간색과 흰색, 검은색으로 되

어 있는 테라스가 있으며, 그 끝에는 체의 별을 상징하는 형상이 좌우로 2개가 있다. 박물관과 묘지는 동상의 후면에 있으며 블랑까 에르난데스(Blanca Hernandez)가 설계했다. 오른편 박물관에는 체의 연대기와 함께 그의 유니폼과 모자, 권총, 가죽케이스, 사진기 등의 개인 유품들이 전시되어 있다. 왼편 묘지에는 볼리비아 전투에서 패배한 체 게바라를 비롯한 39명의 유해가 있다. 그 중 17구는 볼리비아의 한 공동묘지에서 대량으로 발견되어 1997년 이곳으로 이장되었다. 여기에는 볼리비아 전투의 유일한 여성 동지였던 따마라 분케(Tamara Bunke)의 유해도 있다. 체는 볼리비아에서 게릴라 전술을 이용해 저항하다 체포되어 1967년 10월 9일 처형되었다. 1997년 고고학자들이 체의 유골을 볼리비아에서 발견했고 그후 유골은 쿠바로 송환되었다. 1997년 10월 17일 군대 명예 훈장과 함께 이곳에 묻혔다. 녹색 지프로 체의 유골이 수송되었을 때 그를 환영하는 70만 명의 인파들은 하나같이 "Hasta siempre comandante(아스따 시엠쁘레 꼬만단떼: 영원한 동지)!"를 외쳐대기도 했다.

✤ 체 게바라 기념관 이용 안내

▶ **이용 시간**: 박물관 및 유해관 화~일, 09:30~17:00(월 휴무), 야외는 항상 열려 있다.   ▶ **입장료**: 무료

체 게바라가 잠들어 있는 곳을 볼 수 있다는 두근거림으로 아침부터 잠을 설쳤다. 체 게바라 기념관은 중남미 아니 세계에서 혁명의 선봉장으로 가장 추앙받고 존경받는 이가 묻혀 있는 곳이다. 입구에 들어서자 녹색 군복과 권총, 그리고 체 게바라와 똑같이 검은 베레모를 쓰고 선글라스를 착용한 군인들이 보인다. 삼엄한 경비와 함께 선글라스 너머로 날아오는 경비병들의 칼날 같은 시선에서 매서움이 느껴진다. 그 매서움 뒤에는 장엄함, 엄숙함도 보인다. 조금 어색한 느낌으로 경비병들에게 다가가 사진 촬영을 해도 되는지 물어보았다. 그들은 흔쾌히 좋다고 하면서 마치 체 게바라라도 된 듯 멋진 포즈를 취한다. 사진을 찍고 멋지다며 엄지손가락을 치켜세워주었더니 이내 근엄한 표정을 지으며 어깨에 힘을 주는 모습에서 체 게바라에 대한 존경심이 얼마나 큰지 느껴졌다.

광장에 우뚝 서 있는 체 게바라의 동상에서 심장이 잠시 멈추어버릴 정도로 강한 전율이 전해온다. 동상 앞에서 헌화하고 묵념을 하는 젊은이의 모습에서는 경건함마저 느껴진다. 체 게바라가 죽은 지 50여 년의 시간이 흘렀지만 아직도 많은 여행객들이 그의 혼을 담아가기 위해 이곳을 방문한다. 나도 잠시 체 게바라의 정신을 느끼기 위해 감상에 젖어본다. 체 게바라의 진심 어린 조언이 전해지는 것 같다.

체 게바라 기념관

어떻게 가야 할까?

▶ 비달 공원에서 도보로 가는 방법

1. 25분 정도 소요된다. 까리다드 극장(Teatro la Carridad)을 정면으로 보고 왼편 마르따 아브레우(Marta Abreu) 거리로 이동해 직진한다.

2. 직진하다 보면 성당이 눈에 띈다.

3. 이 성당을 지나 직진하면 'FAMARCIA(파마르씨아)'라고 적힌 건물이 보인다.

4. 체 게바라의 문구가 적힌 간판을 지난다.

5. 벽에 매달려 있는 시계가 있는 광장을 보며 걷는다.

6 교차로에 큰 나무가 보인다.

7 큰 나무를 끼고 왼쪽으로 방향을 잡는다.

8 안내판을 따라 직진한다.

9 짐과 장애인 표지판이 보인다. 체 게바라의 유품이 있는 박물관이나 유해가 있는 묘지에 들어가기 위해서는 이곳에 모든 짐을 맡겨야 한다. 카메라든 손가방이든 아무것도 들고 들어갈 수 없다.

10 길을 따라 가면 체 게바라의 동상이 보인다.

▶ **비아술 터미널에서 도보로 가는 방법**

1 10분 정도 소요된다. 비아술 터미널에 도착해서 출구로 나와 오른쪽으로 방향을 잡는다.

2 길을 따라 약 500m를 걸으면 45도 오른편에 체 게바라 동상의 머리 부분을 볼 수 있다.

Tip 1.
비달 공원에서 체 게바라 기념관까지 걸어서 이동하려면 더운 날씨 때문에 힘들 것이다. 그러나 좋은 점도 있다. 체 게바라 기념관까지 이동하는 25분 동안 산따끌라라의 구석구석을 볼 수 있으며 쿠바의 삶을 가장 가까이에서 느낄 수 있다.

Tip 2.
비달 공원 근처를 지나가면 "택시!" "택시!"라고 외치며 호객행위를 한다. 특히 마르따 아브레우 거리에는 체 게바라 기념관을 가는 자전거 택시와 마차 택시들이 줄지어 대기하고 있다. 약 10분 정도 소요되며 비용은 2~3CUC 정도다. 또한 비아술 터미널에서도 자전거 택시로 이동할 수 있다. 비용은 1CUC 정도다.

체 게바라 기념관
어떻게 돌아보지?

1. 기념관 입구에 들어서면 왼편에 짐을 맡기거나 장애인용 휠체어를 빌리는 곳이 보인다. 지갑을 제외한 개인 소지품을 모두 맡기고 직원에게 보관증을 받는다.

2. 짐을 보관하고 난 후 왼쪽으로 이동하면 계단이 나온다.

3. 계단 위로 올라가면 오른쪽으로 박물관을, 왼쪽으로 묘지를 볼 수 있다.

4. 박물관과 묘지 내부에서는 사진 촬영을 절대 해서는 안 된다.

5. 박물관과 묘지를 둘러본 후 짐을 찾아 바깥으로 나온다. 체 게바라의 동상과 편지, 조각 전시된 산따끌라라 전투 장면을 감상한다.

6. 길 건너 테라스 지역도 둘러본다. 체의 별을 상징하는 부분도 함께 살펴보자.

Tip.
오른쪽 박물관에서는 체 게바라의 일대기라 할 수 있는 체의 성장 과정에서 쿠바혁명까지를 아우르는 사진들을 감상할 수 있다. 그 밖에도 의사 시절 입었던 옷, 도구, 그리고 그의 카메라와 소총, 그 유명한 체 게바라 베레모, 권총, 군복, 자동 소총, 볼리비아에서 죽기 전까지 매일 작성했던 일기장 등이 전시되어 있다. 바로 옆 건물에는 묘지가 있는데 이곳에는 혁명동지들 38명에 체 게바라를 포함한 총 39명의 유해가 안치되어 있다.

Tip.

체 게바라(Che Guevara, 1928~1967)

쿠바에 가면 어디에서나 볼 수 있는 사람이 있다. 하나의 별이 박힌 검은 베레모를 쓰고 매서운 눈으로 강한 카리스마를 뿜어내는 남자, 바로 체 게바라다.

체 게바라는 1928년 아르헨티나 중산층 가정의 5남매 중 장남으로 태어났다. 어릴 때부터 몸이 좋지 않았던 체 게바라는 폐렴으로 심한 천식을 앓았고 자주 발작을 일으켰지만 산소호흡기를 흡입하면서까지 럭비 같은 격렬한 운동을 좋아했다고 한다. 의과대학 재학 시절 오토바이로 남미 여행을 떠나면서 민중들의 억압과 착취 현장에 눈을 뜨게 되고 혁명가로서 의식의 변화를 겪게 된다. 여성 운동가 일다 가데오(Hilda Gadea)를 만나면서 사회주의 혁명에 눈을 뜨게 되고, 멕시코에서 피델 까스뜨로를 만나 하루 만에 혁명군에 전격 가담한다. 그 이후 산따끌라라에서 바띠스따 정권을 타도하는 데 혁혁한 공헌을 세우며 쿠바혁명 성공의 분기점을 마련한다. 혁명 성공 후 쿠바시민권을 받고 제2인자로서의 삶을 영위하게 되지만, 체 게바라는 편안한 삶에 안주하지 않았다. 결국 "쿠바에서는 모든 일이 끝났다."라는 말과 함께 볼리비아로 넘어가 새로운 혁명의 길을 모색하다 체포되어 39세의 젊은 나이에 총살을 당한다.

쿠바혁명의 분기점이 된 곳,
장갑열차 기념비
Monumento a la Toma del Tren Blindado

장갑열차 기념비 단지는 1958년 12월 29일에 있었던 체 게바라 군대와 바띠스따 정권 소속이었던 장갑열차와의 교전을 기념하며 쿠바 조각가 호세 데랄라(Jose Delarra)에 의해 구상되었다. 산따끌라라는 쿠바 중부 지역의 주요 도로와 철도가 만나는 곳이다. 그렇기 때문에 산따끌라라를 장악한다는 것은 그 당시 쿠바혁명 승리의 발판이 됨을 의미했다. 1958년 12월 23일, 특별 제작된 장갑열차는 2개의 디젤기관차와 벽면을 철판으로 강화시킨 총 17량의 열차를 앞세워 아바나로 향하고 있었다. 그 열차에는 373명의 군인과 무기, 탄약 등 바띠스따 정권의 중요 군수 물자가 실려 있었다. 12월 24일 열차는 산따끌라라 로마 델 까삐로(Loma del Capiro) 언덕 기슭에 정차한다. 결전의 날인 12월 29일 체 게바라는 불도저로 열차가 지나는 선로 약 30m를

뜯어냄으로써 열차를 탈선시킨다. 그 후 몇 시간의 교전 끝에 기차 안의 무기들은 모두 체 게바라 진영으로 넘어갔고, 열차에 타고 있던 373명의 군인들은 모두 투항해 24명이었던 체 게바라 혁명군에 합류한다.

이 교전의 승리는 산따끌라라 점령의 분기점이 되었다. 도시와 기차를 모두 장악함으로써 혁명군이 승리하는 데 결정적 역할을 했으며 이를 발판으로 해 쿠바혁명은 승리로 끝나게 된다. 이 투쟁이 끝난 후 결국 바띠스따는 도미니카 공화국으로 망명했다. 장갑열차 기념비 단지에서는 반란군과 혁명군의 전투 사진, 체 게바라의 기념물, 기찻길을 들어올리는 데 사용했던 불도저, 혁명군이 열차에서 탈취한 무기 등을 볼 수 있다. 이 장갑열차 기념비 단지는 1990년 1월 30일 쿠바공화국의 국립기념물로 선정되었다.

✚ 장갑열차 기념비 이용 안내

▶ **이용 시간**: 월~일 09:00~17:00(상황에 따라 월요일 휴무)   ▶ **입장료**: 1CUC~(사진촬영시 1CUC~)

Tip.

다시 보는 간단 쿠바 역사

1895년 호세 마르띠를 중심으로 쿠바 독립전쟁이 일어나고 미국의 개입으로 쿠바는 스페인에서 독립한다. 이후 계속되는 쿠데타로 정권의 혼란이 거듭되며 특히 1933년에 쿠데타로 정권을 잡은 바띠스따 정권은 미국과의 결탁으로 더욱더 강력한 독재체제를 구축한다. 계속되는 바띠스따 정권의 독재 정치와 암살, 폭력으로 쿠바 정국은 급격한 혼란에 휩싸인다. 바로 이러한 상황 속에서 피델 까스뜨로와 체 게바라는 농민과 도시 소시민들의 지지를 얻으며 게릴라 전투를 시작한다. 1959년 산따끌라라에서 혁명군이 승리를 거둔 것이 쿠바혁명에 결정적 요인으로 작용했고, 결국 바띠스따의 장기 독재를 타도한다. 쿠바혁명 승리 후 계속되는 미국과의 대립에 1961년 쿠바는 미국과의 국교를 단절했고, 53년 만인 2014년에야 쿠바와 미국 간 국교 정상화가 재개된다.

날을 높이 쳐든 불도저가 기찻길을 향해 당장이라도 돌진할 듯한 기세로 멈추어 서 있다. 마치 이를 갈며 바띠스따 정권과의 교전을 기다리고 있는 듯하다. 오후의 늦더위를 잠시 잊기 위해 나무 그늘 아래 앉아 탈선된 열차를 보고 있자니 마치 그날의 긴박했던 현장 속에 있는 것 같다. 그러나 긴장감도 잠시 주위를 둘러보니 많은 여행객들의 카메라 셔터 소리만 더없이 크게 들린다. 기념비를 찾은 여행객들은 체 게바라의 체취와 열정을 고스란히 담아가기라도 하려는 듯 웃음기 가신 모습으로 천천히 한 칸 한 칸의 열차들을 둘러보며 그날의 격전을 느끼고 있었다. 또 다른 무리들은 체의 따뜻한 심장 소리라도 들으려는 듯 걸음을 재촉하고 있었다. 나도 그 무리에 몸을 담고 전투의 흔적을 더듬어본다.

뒤편 기찻길은 그날의 격전을 뒤로 한 채 오늘도 달려올 것만 같은 기차를 기다리고 있었고, 기념비 마당 한 편에 잘 다듬어진 잔디밭은 그윽한 풀 내음을 연신 뿜어내며 그날의 고통을 저 멀리 날려버리고 있었다. 그날의 긴박했던 격전의 감정도 잠시, 한 발 한 발 내디딜 때마다 발을 감싸는 잔디밭의 촉감이 나를 편안하게 만든다.

장갑열차 기념비
어떻게 가야 할까?

 비달 공원 북쪽에 위치한 까리다드 극장을 바라보며 오른쪽 골목길을 따라 이동한다.

 오른쪽 길은 세스뻬데스(Cespedes) 거리다.

 약 50m를 이동하면 왼편에 짝퉁 꼬뻴리아 아이스크림 가게가 나온다.

 아이스크림 가게를 지나 3블록(아이스크림 가게 블록 포함 총 4블록)을 더 걸어간다. 왼편으로 방향을 돌리면 앞쪽 벽면에 그림이 그려진 곳이 보인다.

 그림을 보면서 오른쪽으로 길을 잡으면 다리가 보인다.

다리를 지나 45도 오른쪽을 보면 노란색 불도저가 보이며 기념비 입구가 나온다.

장갑열차 기념비
어떻게 돌아보지?

1. 입구에서 오른쪽에 위치한 사무실로 이동해서 입장료를 지불한다.

2. 다시 입구 방향으로 나와 왼편을 보면 교전 당시 사용했던 불도저가 있다.

3. 불도저를 뒤로 하고 걸으면 앞쪽에 첫 번째 기차 칸을 볼 수 있다.

4. 첫 번째 칸에는 1958년 당시 체 게바라가 썼던 편지와 입었던 녹색 군복, 그리고 시가를 물고 교전을 지시하는 등의 사진들이 전시되어 있다.

5. 뚜껑이 없는 열차 칸으로 이동을 하면 전투에 사용했던 박격포가 자리를 잡고 있다.

6. 다음 칸에는 당시 입었던 옷들과 침대, 장총, 소총들이 전시되어 있다.

7. 그 다음 칸에는 체 게바라의 박물관 동상 사진과 그를 추모하는 사진들이 걸려 있다.

8. 마지막 칸은 갤러리로 당시를 스케치한 그림들이 있다.

9. 마지막 칸을 구경한 후 입구 방향으로 나와 오른쪽으로 길을 걸어가면 격전의 현장이었던 기찻길이 나온다.

산따끌라라의 심장이자 상징인 곳,
비달 공원
Parque Leoncio Vidal

비달 공원은 산따끌라라 중심에 위치해 있다. 문화와 혁명 투쟁의 상징이자 정체성의 상징이다. 1999년 7월 15일 산따끌라라 도시 310주년을 기념으로 비달 공원은 국립기념물로 지정되었다.

비달 공원이라는 이름은 1899년 의회 회의에서 쿠바의 독립 영웅 레온씨오 비달 까로(Leoncio Vidal Caro)의 이름에서 따온 것이다. 1820년 처음 공원이 만들어졌을 때는 아르마스 광장, 마요르 광장 등으로 불리기도 했다. 현재 비달 공원은 산따끌라라에 사는 주민뿐만 아니라 도시를 방문하는 여행자들에게 가장 편안한 휴식처가 되고 있다.

공원 중앙에 위치한 전망대는 1911년에 세워졌으며, 도시의 상징인 부츠를 든 소년

(El Nino de la Bota) 동상도 만들어졌다. 또한 마르따 아브레우의 동상도 자리 잡고 있다. 1902년부터 공원에서는 매주 목요일, 일요일 오후 8시에 시에서 주관하는 오케스트라 공연도 열린다. 많은 전문가들은 까리다드 극장, 호세 마르띠 도서관, 산따끌라라 리브레 호텔로 둘러싸인 비달 공원을 쿠바에서 가장 아름다운 공원 중 하나로 꼽는다.

비달 공원은 산따끌라라 도심에 위치해 있기 때문에 찾아가기가 매우 쉽다. 산따끌라라에서 투숙하는 호텔이나 까사가 어디에 있든 5~10분만 걸으면 찾아갈 수 있을 정도다.

Tip 1.

레온씨오 비달 까로(Leoncio Vidal Caro, 1864~1896)

쿠바 독립을 위해 산따끌라라에서 전투에 몸바쳤던 쿠바 독립 영웅이다. 수많은 농민들의 지지와 참석 속에 독립전쟁을 시작해 산따끌라라를 중심으로 투쟁을 진행했고, 결국 1896년 스페인군이 쏜 총에 죽음을 맞이한다.

Tip 2.

마르따 아브레우(Marta Abreu, 1845~1909)

비달 공원 안 동상의 주인공. 산따끌라라의 부유한 집안에서 태어나 자신의 집안의 부를 쿠바정부의 독립과 예술, 종교를 위해서 기부한다. 당시 쿠바 돈으로 24만 페소를 기부했는데 현재 금액으로 환산하면 수백만 달러에 해당된다.

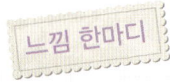

해 질 녘에 둘러본 비달 공원은 굉장히 아늑하고 평온했다. 한쪽에서는 어린 아이들이 학교를 마치고 인라인 스케이트를 타면서 광장 주변을 자유롭게 돌고 있고, 한쪽에서는 산책을 나온 듯한 한 가족이 세발자전거를 타는 아이의 모습에 기뻐하며 휴대전화로 동영상과 사진을 찍고 있다. 여느 나라의 부모들처럼 "잘한다!"라며 칭찬을 아끼지 않는다.

나무를 타고 넘어오는 새소리가 더욱더 고즈넉한 느낌을 준다. 이곳이 쿠바혁명 당시 총탄이 난무하고 공산국가의 서러움을 가슴속 깊이 간직한 격전의 지역이라고 누가 믿겠는가? 저녁 바람에 머리카락을 날리며 걸어가는 쿠바 여인의 향취와 함께 더욱더 깊은 산따끌라라의 정겨움에 빠져본다. 어느새 하나둘씩 불을 밝히는 가로등으로 공원은 노랗게 물들고 있었다.

비달 공원
어떻게 돌아보지?

1. 산따끌라라 리브레 호텔을 등 뒤로 하고 공원을 따라 걷는다.

2. 오른쪽으로 꽃을 파는 손수레와 중학교를 볼 수 있다.

3. 중학교를 지나 왼편으로 길을 잡으면 도서관이 있다. 산따끌라라 시민을 위한 곳으로 내부 촬영은 금지되어 있다.

4. 도서관을 지나면 장식 예술 박물관이 보인다. 18~19세기에 사용되었던 장식품과 회화, 조각품이 전시되어 있다.

5. 박물관을 지나 까리다드 극장이 보인다. 입장료 1CUC를 내면 극장 관계자가 영어나 스페인어로 설명하며 내부를 안내해준다. 금~일요일에는 공연이 열린다.

6. 극장을 지나 유럽식의 고풍스런 건물인 시청사가 나온다.

7. 광장 안에는 부츠를 든 소년 동상은 도시 건립을 기념해 세워졌으며 전쟁 당시 부상자를 위해 부츠에 물을 담아 운반했던 용감한 소년을 기리기 위한 것이다.

8. 시청 건물 앞쪽 공원 안에는 쿠바의 독립 영웅 비달의 흉상이 있다.

9. 마르따 아브레우의 동상도 보인다. 그녀는 쿠바를 위해 많은 돈을 기부한 인물이다.

쿠바, 무엇을 먹을까?

쿠바에서 맛보는 중국 요리,
엘 치니또(El Chinito)

며칠 동안 입에 맞지 않는 음식으로 고생을 했다면 그나마 한국 음식과 가까운 산 따끌라라 중국 식당 엘 치니또에서 한 끼의 식사를 해결해보자. 엘 치니또에 갔다면 추천할 만한 메뉴로 아로쓰 꼰 뽀요(arroz con pollo: 닭고기 볶음밥)와 소빠 데 뽀요(sopa de pollo: 닭고기 스프)가 있다. 특히 소빠 데 뽀요는 쫄깃한 면과 함께 닭의 특정 부위가 통째로 들어가 있다. 그저 닭을 우려낸 국물에다 찢어놓은 닭고기 몇 조각이 전부였던 다른 식당의 스프와 달리 제대로 된 스프다. 함께 제공된 빵을 곁들이면 한 끼 식사로 훌륭하다. 단, 쿠바인들을 음식을 짜게 먹기 때문에 우리 입맛에는 스프가 조금 짜게 느껴질 수도 있다. 혹시 이 식당을 이용한다면 음식을 주문할 때 "Poco sal(뽀꼬 살: 소금은 조금)."이라고 말해보자. 음식을 훨씬 맛있게 먹을 수 있다.

✚ 엘 치니또 이용 안내

▶ **이용 시간**: 월~일요일 아침 09:00~11:00 점심과 저녁 12:00~23:00   ▶ **가격**: 5CUC~   ▶ **주소**: Calle Independencia #53 e/ Juan Bruno Zayas y Villuendas, Santa Clara

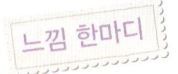

멀리서 치니또라는 상호가 눈에 띈다. 쿠바 어디에서든지 쉽게 볼 수 있는 중국 레스토랑에서 쿠바인들의 중국음식 사랑이 느껴진다. 입구에 들어서자 종업원이 좀 당황스러워 한다. 외국인이 들어와서 지레 겁먹는 표정이다. 엘 치니또는 쿠바 식당치고는 테이블도 깨끗하고 종업원의 옷차림도 깔끔했다. 자리에 앉자마자 스페인어로 이것저것 물어보니 그제야 안도하는 표정이다. 옆 테이블의 쿠바인들은 이미 돼지고기 볶음밥을 주문해서 맛있게 먹고 있다. 하루 종일 걸어 다닌 탓에 시원한 국물이 먹고 싶어 소빠 데 뽀요를 주문했다. 쿠바 음식 특유의 짠맛이 강했지만 시원하고 진하게 끓여진 국물이 속을 달래주기에 일품이다. 함께 준비해준 빵으로 약간 짠맛을 달래며, 땀을 뻘뻘 흘리며 먹었다.

치니또라는 레스토랑의 이름은 중국 사람을 의미한다. 길거리를 다니다 보면 'Chino(치노)' 또는 'Chinito(치니또)'라는 단어가 많이 들린다. 스페인어로 치노는 중국인을 부르는 말이다. 눈이 찢어졌다는 의미도 가지고 있다. 쿠바인들이 봤을 때 동양인은 국적에 상관없이 모두 치노다. 조금은 얕잡아보는 어감이다. 좀더 호의적으로 부를 때 치니또라고 부른다. 만약 누군가가 그렇게 부르면 과감히 "치노가 아니고 한국 사람이다."라고 말해주자. "No chino, soy coreano(노 치노, 쏘이 꼬레아노)."라고 말이다.

엘 치니또
어떻게 가야 할까?

1. 까리다드 극장을 정면으로 보고 왼쪽 끝 지점까지 이동한 후 북쪽으로 난 골목길로 직진한다.

2. 왼편에 라 델 초꼴라떼(La del Chocolate) 가게를 지나 계속해서 직진한다.

3. 첫 번째 블록에서 'VILLA CLARA(비야 끌라라)'라고 적힌 간판이 보이면 그 왼쪽인 인데뻰덴씨아(Independencia) 거리로 길을 잡는다.

4. 약 150m를 이동하면 왼편에 식당 치니또가 보인다.

쿠바, 무엇을 먹을까?

현지인이 가장 많이 찾는 레스토랑,
레스따우란떼 알만쎄르(Restaurante Amanecer)

여행을 다니다 보면 가장 어려운 것이 바로 식사다. 허기진 배를 채우기 위해 아무데나 들어갈 수도 없고, 접근하기 쉬운 길거리 음식도 하루 이틀이면 지겹다. 배가 불러야 여행도 즐거운 법, 하룻밤 묵을 까사를 정하자마자 까사 주인이 추천해준 식당을 찾았다. 바로 레스따우란떼 알만쎄르였다. 입구가 알루미늄 틀로 된 허름해 보이는 식당이지만 산따끌라라 현지인들이 가장 많이 찾는 곳이라고 한다. 문을 열고 들어가자 까사 주인의 거창한 설명에 비해 공간은 협소했지만 나름 주인장의 고집이 엿보이는 식당이었다.

쿠바 현지인은 닭고기 요리를 가장 좋아하는데 특히 이곳의 닭고기 맛은 일품이다. 그래서인지 점심시간이면 비달 공원 주변에서 근무하는 사무직 직원들이 많이 찾

POLLO ASADO(뽀요 아사도)

는다. 혹시 이곳을 방문할 예정이라면 되도록 점심시간을 피해서 이용하자. 훨씬 편안하게 식사를 즐길 수 있다. 알만쎄르에서 제일 무난하고 맛있는 음식은 닭고기를 재료로 한 요리다. 구운 닭고기 요리 뽀요 아사도를 시켜 먹어보자. 그것이 싫다면 메뉴판에 다른 음식도 있으니 기호에 맞게 주문하면 된다.

✚ 레스따우란떼 알만쎄르 이용 안내

▶ **이용 시간:** 월~일 12:00~23:00   ▶ **가격:** 3CUC~   ▶ **주소:** Maximo Gomez e/ Marti y Independencia

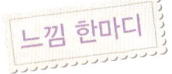

알만쎄르는 이미 배낭 여행객에게 입소문이 나 있는 식당이다. 산따끌라라에서는 가격 대비 가장 만족도가 좋은 식당이 아닌가 한다. 내부에 들어가면 일부 다른 식당에 비해서 워낙 깔끔하게 만들어놓은 곳이라 가격이 비쌀 거라고 생각했지만 메뉴판에 적힌 가격을 보면 정말 저렴하다. 음식을 먹은 후 계산서를 한참이나 들여다볼 정도였다. 혹시 계산을 잘못한 것은 아닌지 하고 말이다. 가격 대비 음식도 일품이었다. 산따끌라라에 머물면서 찾은 식당 중에서는 최고였다. 그래서인지 식당에는 손님이 넘쳐난다. 산따끌라라를 찾으면 이곳에서 꼭 먹어보길 바란다.

Tip.
알만쎄르는 CUC을 사용하는 식당이 아니라 CUP을 사용하는 식당이다. 메뉴판에 적혀 있는 모든 가격은 M/N(CUP)임을 명심하자.

레스따우란떼 알만쎄르
어떻게 가야 할까?

 까리다드 극장을 정면으로 보고 왼쪽 끝 지점까지 이동한 후 북쪽으로 난 골목길로 직진한다.

 왼편에 라 델 초꼴라떼 가게를 지나 계속해서 직진한다.

 첫 번째 블록을 지나면 'VILLA CLARA(비야 끌라라)' 간판이 보인다.

간판 바로 아래가 레스따우란떼 알만쎄르다.

Tip 1.

비달 공원을 돌다 보면 식당으로 이끄는 호객행위를 많이 볼 수 있다. 그런 식당은 절대 가지 않도록 하자. 주문도 하기 전 만들어져 있는 음식이 대부분이고, 무엇보다 잘못 먹고 배앓이를 할 수 있다. 사실 쿠바 여행중 가장 안전하고 신선한 음식은 까사에서 먹는 것이다. 레스토랑은 근사한 분위기를 만끽할 수는 있지만 가격도 비싼 편이고 관광객으로 보이면 바가지를 씌우려는 게 슬픈 현실이다. 호텔이 아닌 까사에서 머무른다면 까사 주인과 협상을 해서 적당한 가격에 식사를 해보자. 식당을 찾아다니는 번거로움에서 벗어날 수 있다.

Tip 2.

산따끌라라에서 호객행위에 이끌려 갔었던 식당이 있었다. 가정집을 개조해 식당으로 만든 까사 꾸바(Casa Cuba)라는 식당이었다. 식당 안에 개와 고양이가 자유롭게 돌아다녀 처음부터 조금 찝찝한 느낌이 들었다. 까사 꾸바에 들어가 그들이 추천하는 생선요리를 주문했다.
이내 주문한 요리가 나왔는데 생선은 요리된 지 며칠이나 지난 것처럼 검은색으로 변해 있었다. 그리고 변색을 감추기 위해서인지 소금을 지나치게 많이 쳐 먹을 수 없을 정도로 짰다. 특히 관광객을 상대로 지나친 바가지요금을 부과했고, 개인적으로 식사 후 바로 배앓이를 했다. 이런 식당이야말로 여행객들이 피해야 할 대표적인 식당이 아닐까?
▶ 위치: 비달 공원 남서쪽 방향에 있는 산따끌라라 리브레 호텔을 정면으로 바라보면서 왼편으로 나 있는 길 첫 번째 블록에 있다.
▶ 가격: 12CUC~

산따끌라라에서의 달콤한 여유,
라 델 초꼴라떼 (La del Chocolate)

쿠바의 무더위에 지쳐가고 있다면 시원하고 달콤한 여유를 가져보자. 산따끌라라의 유명한 초콜릿 아이스크림 가게 '라 델 초꼴라떼'다. 들어가는 입구 오른쪽이나 가게 안 메뉴판을 보면 다양한 종류의 아이스크림과 빵, 조각 케이크가 있다. 원하는 메뉴를 주문하면 된다. 만약 초꼴릿 아이스크림을 먹고 싶다면 "Un bola de chocolate(운 볼라 데 초꼴라떼)."라고 주문한다. 가격은 0.3CUC 정도로 저렴한 편이다. 라 델 초꼴라떼에 가려면 까리다드 극장을 정면으로 보고 왼쪽 끝 지점까지 이동한 후 북쪽으로 난 골목길로 직진한다. 골목길로 진입해서 약 30m를 이동하면 왼편에 가게가 보인다.

Tip 1.

쿠바에서 가장 명성이 자자한 아이스크림가게 꼬뺄리아. 아바나에서 시간이 부족했거나 기다리기 싫어 못 먹었다면 아바나보다 한산한 산따끌라라 꼬뺄리아에서 먹어보자. 산따끌라라 리브레 호텔을 등지고 직진해 끝 지점 뻬뻬 메디나(Pepe Medina)라고 적혀 있는 건물을 보면서 오른쪽으로 걷는다. 첫 번째 골목길 왼쪽을 보면 꼬뺄리아가 보인다.

Tip 2.

산따끌라라에서 모든 일정이 마무리되었다면 산따끌라라의 명동인 인데뺀덴시아 거리를 꼭 둘러보자. 활기찬 거리의 느낌도 좋지만 노천카페에서 맥주도 가볍게 한 잔 마실 수 있고, 무엇보다 햄버거와 같은 간단한 먹거리가 많다. 해 질 녘 길거리 벤치에 앉아 거리를 활보하는 쿠바인의 모습을 바라보며 시간을 보내는 것도 좋다. 산따끌라라에서의 낭만을 마음껏 즐겨보자.

04

넷째 날, 아바나 근교 여행 2

가장 쿠바다운 카리브 해 뜨리니다드

Cuba

아바나를 벗어나 좀더 쿠바다운 모습을 보고 싶다면 뜨리니다드를 찾자. 뜨리니다드는 지도상으로 쿠바의 중앙에 위치하며 1988년 유네스코 세계유산에 등재되었다. 카리브 해를 접한 도시들 중 가장 잘 보존된 도시로 손꼽히며, 콜럼버스는 뜨리니다드에 대해 "인간이 발견한 곳 중 가장 아름답다."라고 찬사를 아끼지 않았을 만큼 마을 전체가 영화 같은 풍경을 자아낸다. 한적한 카리브 해를 바라보며 나만의 시간을 가질 수도 있다. 저녁이 되면 발길이 닿는 곳곳에서 음악과 춤이 어우러진 축제가 펼쳐지니 그 낭만을 마음껏 즐겨보자.

| 넷째 날, 일정 한눈에 보기 |

마요르 광장

∨

안꼰 해변

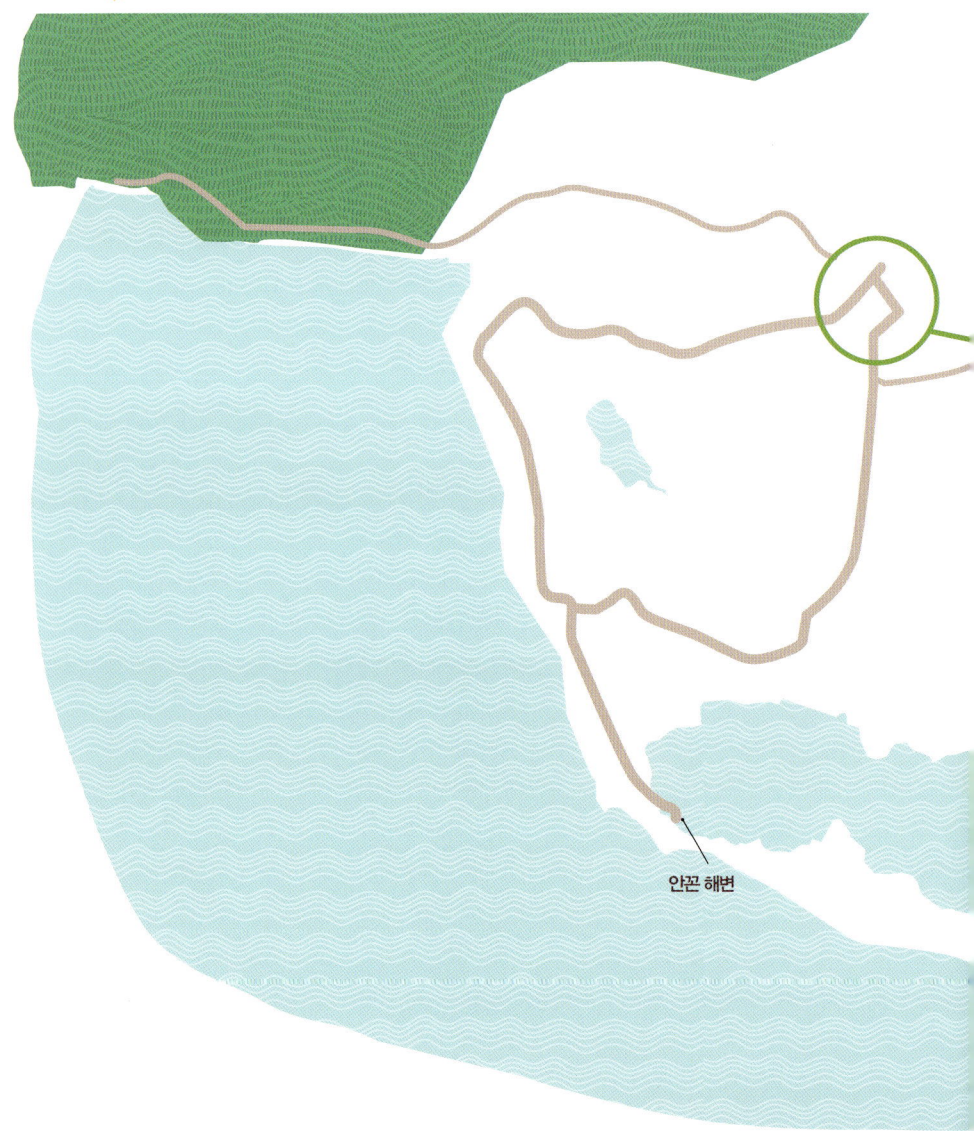

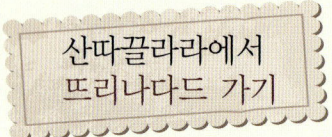

산따끌라라에서 뜨리나다드 가기

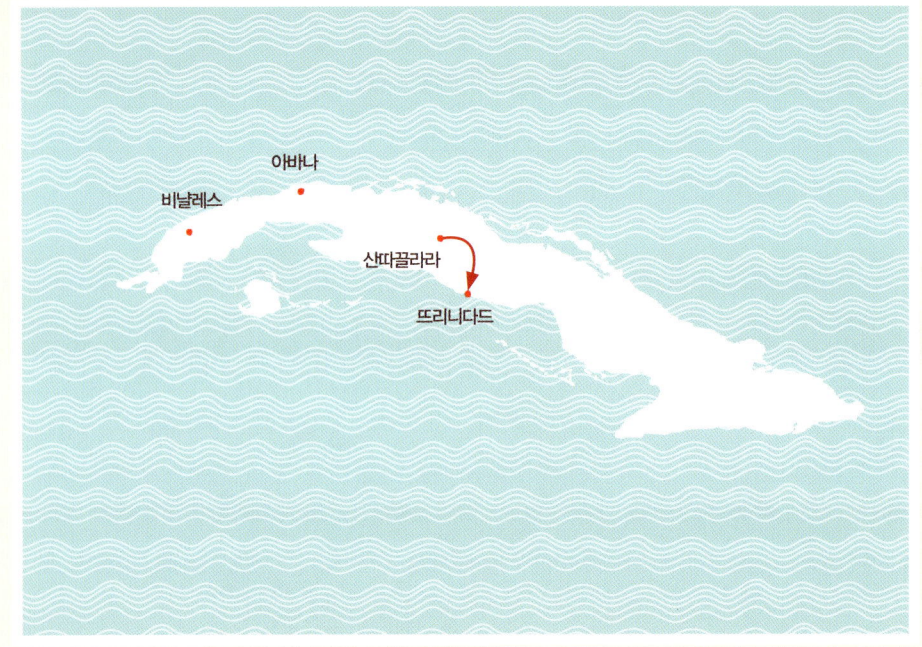

1. 뜨리니다드로 이동하기

비아술 버스를 이용하면 뜨리니다드까지 약 3시간 정도 소요된다. 계절에 따라 출발 시간이 달라지니 사전에 확인할 필요가 있다.

출발 시간: 11:20

버스 요금: 8CUC~

① 산따끌라라에 있는 비아술 터미널로 간다.

② 표 예매 전이라면 터미널 입구 오른편의 비아술 사무실에서 표를 산다.

③ 터미널 안으로 들어가 직진한다.

④ 왼편 'EQUIPAJES(에끼빠헤스)'라고 적힌 곳에 짐을 주고 교환표를 받는다.

⑤ 짐 교환표를 받은 후 출발 시간이 되면 버스를 탄다.

Tip 1.

에끼빠헤스에 짐을 맡기고 표를 받을 때 대놓고 팁 1CUC을 요구하는데 못 알아들은 척하면 된다. 가끔 여기에서 짐 교환표를 주지 않고 왼편 입구로 들어간 후 오른편 조그마한 문 안쪽에서 개별적으로 줄 때도 있으니 참고하자.

Tip 2.

뜨리니다드 숙소 예약시 산따끌라라에서 묵었던 까사 주인에게 도움을 요청해보자. 도시마다 까사를 운영하는 친구나 친척들이 있기 때문에 숙소 예약을 빠르게 할 수 있다. 산따끌라라의 까사 주인에게 뜨리니다드에 숙소를 예약해달라고 하면 전화로 예약을 해준다. 만약 이렇게 예약을 했다면 뜨리니다드 버스 터미널에 본인의 이름이 적힌 피켓을 들고 마중까지 나온다.

2. 뜨리니다드에 도착해서

① 터미널에 도착하면 짐을 찾는다. 정면에 비아술 사무실이 있다.

② 'RESERVACOIN(레세르바씨온)'이라고 적힌 창구에서 버스를 예약한다.

③ 사무실 밖으로 나와 왼편 계단 아래 출구로 내려간다.

④ 내려온 후 오른쪽으로 방향을 틀면 터미널 출구가 나온다.

⑤ 예약한 숙소가 있다면 터미널 앞의 호객행위를 뿌리친다.

⑥ 숙소가 걸어가기에 멀다면 자전거 택시를 이용해보자.

뜨리니다드의 비아술 터미널은 마요르 광장에서 5분 거리다. 만약 숙소를 마요르 광장 근처로 예약했다면 자전거 택시를 탈 필요 없이 도보로도 이동이 가능하다. 터미널을 나와 오른쪽으로 방향을 잡고 약 200m만 가면 된다. 그리고 다음 일정을 정해놓았다면 터미널에서 다음 일정에 맞게 버스표를 예약하자. 비아술 사무실의 레세르바씨온 창구로 가서 일정에 맞는 버스 출발 시간을 확인한 후 본인의 이름만 적으면 된다.

3. 뜨리니다드 교통수단

도보: 뜨리니다드는 크지 않기 때문에 충분히 걸어 다닐 수 있다.
자전거 택시: 가장 많이 이용되는 교통수단이며 기본 2CUC을 요구한다. 흥정이 필요하다.
마차 택시: 뜨리니다드에서 두 번째로 많이 이용되는 교통수단이며 2~3CUC 정도를 요구한다.
일반 택시: 보통 목적지까지 2~3CUC 정도를 요구한다.
시내버스: 광장 주변의 도시는 대부분 올록볼록한 돌이 깔려 있는 비포장도로이므로 시내버스가 다니지 않는다. 시내버스는 광장 외곽지역 포장도로에서 볼 수 있다.

4. 뜨리니다드 숙소

La Casa de Titi

일명 띠띠 할머니댁으로 불리는데, 마요르 광장에서 도보 10분 거리다. 부엌이 따로 있어 아침과 저녁을 해 먹을 수도 있다.

주소: Pedro Zerquera #605 e/ Pablo P.Giron y C.Benitez

전화번호: (+53)41 994013

이메일: yohanyhernandez@nauta.cu

가격: 15CUC~

Hostal el Chef

체프 호스텔은 마요르 광장에서 도보로 15분 정도 걸린다. 블로그상으로 이미 유명해진 까사다.

주소: Calle Colon #179 e/ Frank Pais(Carmen) y Miguel Calzada(Borrel)

전화번호: (+53)41 996890, (+53)52 970438

이메일: hostal_el_chef@yahoo.com

가격: 20CUC~

Hotel Ancon

안꼰 호텔은 뜨리니다드 중심에서 10km 떨어진 해변가에 위치해 있고, 호텔에 투숙하면 식사 및 부대시설을 모두 이용할 수 있다. 계속되는 까사 이용으로 심신이 지쳐 있다면 편안하게 이 호텔을 이용해보는 것도 좋다.

주소: Peninsula Ancon

전화번호: (+53)41 996120

이메일: direccion@ancon.co.cu

홈페이지: www.hotelancon-cuba.com

가격: 1인당 66CUC~

신비로움 가득한 뜨리니다드의 중심,
마요르 광장
Plaza Mayor

마요르 광장은 뜨리니다드 제일 중심부에 위치한다. 그래서인지 현재 뜨리니다드 거주구역은 마요르 광장을 중심으로 형성되어 있다. 18~19세기에 뜨리니다드는 설탕과 노예무역으로 크게 번영했는데, 그때 쌓은 부를 바탕으로 부루넷 백작와 귀족들은 마요르 광장 주변에 호화로운 건물을 지었다. 그 당시 세워진 건물들이 아직까지 남아 있어 광장 주변의 건물들은 마치 하나의 거대한 박물관을 연상시킨다.

광장은 4개의 구역으로 나뉘어져 정원이 조성되어 있고, 가로등은 19세기의 고풍스런 장식을 그대로 간직하고 있다. 중앙에는 그리스신화에 나오는 뮤즈 여신상이 있다. 뮤즈 여신상 오른편에는 18세기에 건축된 산체스 이즈나가의 집이 있다. 현재 건축 박물관(Museo de Arquitectura)으로 이용되고 있으며, 식민지 시대의 건축 역사를 자세히 볼 수 있다. 광장 북동쪽으로는 1892년 건축된 삼위일체 성당(Iglesia Parroquial de la Santisma Trinidad)이 보인다. 이 성당 내부에 보관중인 십자가는 원래 멕시코의 항구도시 베라크루스로 운반될 예정이었다. 그러나 기상악화로 배가 3번이나 회항하자 십자가를 배에서 내렸는데 그제야 순조롭게 항해할 수 있었다. 이를 본 사람들은 신의 뜻이라 여겨 십자가를 뜨리니다드 성당에 보관했다고 한다. 광장 북서쪽 끝에 있는 산 프란씨스꼬 교회는 1813년에 지어져 1848년 교구 교회가 되었다. 1895년에는 스페인 군대의 주둔지 역할을 하다 1986년부터 혁명에 관련한 물품과 사진을 전시하는 박물관으로 바뀌었다. 현재 쿠바의 내국인 화폐 25센타보 뒷면의 배경이다. 서쪽의 고고학 박물관(Museo de Arqueolgia)은 18세기에 건축되었는데 소유자가 명확하지 않다. 박물관에는 토착시대 쿠바의

생활상이 보존되어 있다. 시립 박물관(Museo Historia de Municipal)은 1828년 뜨리니다드에서 가장 부유한 사람 중 한 명이었던 돈 호세 마리아드에 의해 지어졌다. 19세기 후반까지는 깐떼로의 집이었으나 1980년 이후부터 박물관으로 사용하고 있다. 마요르 광장은 처음부터 중심 광장의 역할을 띠고 발전하기 시작했다. 특히 교회의 교구 시장을 위한 터가 남아 있었는데 1700년대 이 터를 중심으로 주위에 많은 주거지가 형성되었다. 1842년 교구 교회 앞을 시장 구역으로 지정했을 때는 광장에 거대한 십자가가 있었고, 1812년 동상 건립으로 헌법 광장으로도 불렸으나 스페인 절대주의 왕정이 복원되면서 동상들은 제거되었다. 뜨리니다드가 여전히 19세기의 고풍스러운 모습을 간직하고 있는 이유는 설탕 산업의 쇠퇴로 1850년부터 1950년까지 잊혀진 도시로 남았기 때문이다. 지금도 광장 주변에는 현대식 건물이 없기에 도시는 더욱더 고즈넉한 분위기를 풍긴다. 길거리는 아직도 정비되지 않아 울퉁불퉁 자갈이 깔려 있고 주변에는 파스텔 톤의 건물들이 우뚝 서 있다. 마요르 광장을 찾기는 쉽다. 뜨리니다드는 작은 도시이기 때문에 어디를 다녀도 걸어서 10여 분 정도의 거리다. 숙소에서 나와 가볍게 산책하는 마음으로 마요르 광장까지 걸어보자.

Tip.
마요르 광장 안에 있는 뮤즈 여신상이다. 뮤즈 여신은 지나간 모든 것들을 기억하는 기억의 여신이며 음악·춤·문학에 능한 예술의 여신이다. 문화와 역사를 전시하는 박물관 뮤지엄(Museum)의 어원이기도 하다. 정확히 말하자면 뮤지엄은 뮤즈 여신을 모시는 신전이라는 뜻이다. 음악을 뮤직(Music)이라고 하는 것도 이와 관련이 있다.

광장 주변을 따라 놓인 자갈길은 마치 고대 도시를 방문한 듯한 신비로움을 느끼게 한다. 비포장도로를 따라 내려오는 차들도 거북이걸음이다. 걸어가는 게 오히려 더 빠를 듯하다. 마치 도시 전체가 역사를 담고 있는 건물을 더 우선시하는 것 같다. 그렇게 도시를 걷다 보면 잘 포장된 길에 익숙한 발은 심한 피로감을 토로한다. 발의 피로감이 밀려올수록 내가 세계유산 중 하나인 뜨리니다드에 있음이 생생히 느껴진다. 광장 주변을 가득 메운 야자수 아래 세워진 뮤즈 여신상은 작지만 강렬함으로 이 광장을 지키고 있다.
소나기가 내린다. 여느 지역의 소나기처럼 세차게 내려 더위를 씻겨주는 것이 아니라, 소중한 유물들이 깨질세라 조용히 내리며 그동안 쌓였던 먼지들을 말끔히 씻어준다. 소나기를 피해 처마 밑에서 도시를 바라보니 도시가 주는 고풍스러움에 소나기가 더해져 한층 더 운치 있어진다. 시간이 멈춘 듯한 뜨리니다드는 마치 과거로의 여행을 이끄는 듯하다.

마요르 광장
어떻게 돌아보지?

1. 뮤즈 여신상을 정면으로 바라보고 시계 반대 방향으로 광장을 둘러보자.

2. 광장 오른편 건축 박물관을 둘러본다. 식민지 시대의 건축 특징을 살펴볼 수 있다. 안쪽에는 인공 우물과 해시계를 전시해 두었다.

3. 건축 박물관 위쪽 성당을 둘러본다. 이 성당에 베라크루즈로 옮겨지지 못한 십자가가 보관되어 있다.

4. 성당을 정면으로 보고 왼쪽으로 난 길을 따라 걸으면 산 프란씨스꼬 교회가 나온다. 종탑에 올라가면 뜨리니다드를 한눈에 볼 수 있다.

5. 다시 광장으로 돌아와 오른편으로 내려가서 고고학 박물관을 둘러본다.

6. 고고학 박물관을 오른편에 두고 약 200m를 직진하면 시립 역사 박물관이 나온다. 이 건물로 들어가 계단을 따라 올라가면 전망대가 있다.

Tip.

마요르 광장 주변 박물관 이용 안내
건축 박물관 입장료: 1CUC, 이용 시간: 09:00~17:00(금 휴무)
산 프란씨스꼬 교회 종탑 입장료: 1CUC, 이용 시간: 09:00~17:00
고고학 박물관 입장료 : 1CUC, 이용 시간: 9:00~17:00
시립 역사 박물관 입장료: 2CUC, 이용 시간: 09:00~17:00

가장 쿠바다운 카리브 해,
안꼰 해변
Playa Ancon

안꼰 해변은 뜨리니다드 도심에서 12km 떨어져 있다. 설탕 같은 하얀 모래와 따뜻한 코발트 빛의 푸른 바다로 유명한 관광 명소다. 하얀 모래밭을 거닐다 보면 안꼰 해변의 매력에 빠져들 것이다. 맹그로브 숲이 우거진 바닷가에는 형형색색의 열대어를 구경할 수 있는 스노클링 장소가 마련되어 있고, 난파선에 의해 생긴 멋진 다이빙 명소도 있어 세계적인 스쿠버다이버들의 발길을 잡는다. 이름난 다른 해변 휴양지에 비해 안꼰 해변은 좀더 편안한 마음으로 한가로이 즐길 수 있다. 많은 여행자들은 이곳에서 수상 스포츠를 마음껏 즐기며 즐거운 시간을 보낸다. 바람에 흔들리는 야자수와 낭만적인 안꼰 해변은 여행자들이 소중한 추억을 만들기에 최적의 장소다. 특히 해 질 무렵 석양빛을 따라 펼쳐진 붉은 백사장 산책이 백미 중의 백미다.

작열하는 햇살을 받아 보석처럼 반짝이는 안꼰 해변은 카리브 해가 가져다준 크나큰 선물이다. 너무나 눈이 부셔 똑바로 눈을 뜨고 바라볼 수 없을 정도다. 여행자들은 쿠바에서의 모든 여독을 해변에서 전부 풀어버리겠다는 듯이 제각각 모래사장에 누워 일광욕을 즐긴다. 맨발로 해변을 따라 걸으니 모래에서 전해오는 따뜻한 기운이 몸 안 깊숙이 퍼지는 듯하다. 어느새 쌓인 쿠바의 여독을 카리브 해에 씻어버리고 나니 가슴이 뻥 뚫리는 듯 시원하다. 여느 해변 관광지에서 흔히 볼 수 있는 호객행위도 없어 혼자 있는 것처럼 편안하다. 그래서 나는 안꼰 해변이 좋아졌다.
지친 몸과 마음을 편히 달래주는 이곳이 정말 좋다. 저 멀리 바닷가를 산책하는 연인들의 모습이 사랑스럽다. 나도 야자수 그늘 아래 누워본다. 따뜻한 햇살이 자장가 같아 저절로 눈이 감긴다. 안꼰 해변에 누워 행복한 꿈을 꾸어본다.

안꼰 해변
어떻게 가야 할까?

▶ 마요르 광장에서 꾸바뚜르 미니버스로 가는 방법

1 마요르 광장의 뮤즈 여신상을 정면으로 본다. 광장 안으로 들어가지 말고 오른쪽으로 길을 잡는다.

2 한 블록을 지나면 전통 시장이 보이며, 이 시장을 지나 직진한다.

3 약 50m를 이동하면 정면에 'ALAMEDA JESUS MENENDEZ(아라메다 헤수스 메넨데쓰)'라고 적혀 있는 벽이 보인다.

4 이 벽을 보면서 오른쪽으로 방향을 잡고 걷는다. 약 300m를 계속 직진한다. 그 사이에 네 갈래의 교차로가 2번 나온다.

5 두 번째 교차로에서 오른쪽으로 보면 약 100m 전방에 'HABANATUR(아바나뚜르)'라고 적혀 있는 간판이 보인다.(Lino Perez #368) 아바나뚜르로 이동해 안꼰 해변으로 가는 미니버스를 타면 된다.

▶ 이베로스따르 호텔 앞 공원에서 꾸바뚜르 미니버스로 가는 방법

 시청 건물을 등지고 걷는다.

 이베로스따르 호텔(Hotel Iberostar)을 지나 왼편을 보면 'EL RAPIDO(엘 라삐도)'라고 적혀 있는 건물이 보인다. 이 건물 사이의 길로 간다.

 약 50m 앞 왼편의 'FLOLIDITA(플로리디따)'라고 적힌 가게를 지난다.

 약 20m 앞 'HABANATUR(아바나뚜르)'라고 적힌 간판 바로 아래 안꼰 해변으로 가는 빨간 미니버스가 서 있다.

Tip.

미니버스 시간표(비수기 기준, 성수기에는 달라짐)

뜨리니다드 → 안꼰 해변: 09:00, 11:00, 14:00, 17:00 / 안꼰 해변 → 뜨리니다드: 10:00, 12:30, 15:30, 18:00
운임료: 왕복 2CUC(돌아올 때 편도를 타더라도 2CUC)

안꼰 해변
어떻게 돌아보지?

1. 꾸바뚜르 미니버스를 타고 종점에서 내린다.

2. 종점에서 내려 안쪽으로 들어가면 노천 바가 있다. 간단한 먹거리나 맥주와 칵테일 종류를 5CUC 정도에 먹을 수 있다.

3. 바닷가 왼편을 보면 모래가 거의 없는 산책로가 보인다. 해수욕을 하고 조용하게 산책하기에 안성맞춤이다.

4. 오른편에는 해변에서 일광욕이나 수영을 즐기는 사람들을 볼 수 있다.

5. 다양한 해양 스포츠를 즐길 수 있게 정박된 배도 보인다.

6. 안꼰 해변 중간 지점에 뜨리니다드 해군이 관리하는 곳임을 알리는 팻말이 있다.

7. 안꼰 해변에서 가장 유명한 안꼰 호텔도 보인다.

8. 해변 끝 지점에 맹그로브 숲도 보인다. 바닷물에서 번성하는 맹그로브 숲, 육지와 바다의 경계에 만들어진다.

9. 해변 곳곳에는 야자수 잎으로 만든 그늘막과 비치의자들이 놓여 있다.

뜨리니다드 최고의 칵테일,
깐찬차라(La Canchànchara)

사탕수수는 19세기 말까지 뜨리니다드를 대표하는 농작물 중 하나였다. 동시에 흑인 노예의 착취와 고난의 역사를 담고 있기도 하다. 아바나에 모히또와 다이끼리가 있다면 뜨리니다드에는 깐찬차라가 있다. 깐찬차라는 럼을 기본으로 사탕수수액과 레몬수를 넣은 칵테일이다. 테라코타 형태의 도자기 잔에 담겨 나오는 낭만적인 칵테일이기도 하다. 군대용 음료로 처음 만들어졌다는 깐찬차라는 설탕이 아닌 사탕수수액이 들어가기 때문에 맛이 더 깔끔하다. 흑인 노예들이 즐겨 마신 서민적인 칵테일로 유명하다.

깐찬차라 바를 찾는 여행자들은 모두 깐찬차라를 맛보기 위해 이곳을 방문한다. 안으로 들어가 깐찬차라를 먼저 주문한 후 자리를 잡고 앉아도 되고, 먼저 자리를 잡

고 앉으면 종업원이 주문을 받아 깐찬차라를 가져다주기도 한다. 진한 라이브 음악의 감동과 분위기를 생생하게 느끼기를 원한다면 저녁 시간에 방문해보자. 향수 어린 살사와 함께 밀려오는 음악에 흠뻑 빠져들 수 있다.

✚ 깐찬차라 바 이용 안내

▶**이용 시간:** 10:00~새벽 06:00 ▶**가격:** 3CUC~ ▶**주소:** Ruben Martinez Villena e/ Piro Guinart y Ciro Redondo

---

Tip.

깐찬차라의 독특한 도자기 잔 바닥에는 사탕수수에서 짜낸 즙이 꿀처럼 모여 있다. 깐찬차라를 처음 마셔보는 사람들은 이 사실을 모르고 그냥 마셔서 사탕수수 즙을 남기기 일쑤다. 보통 깐찬차라를 시키면 빨대 같은 막대기를 주는데, 이 막대기는 장식용이 아니라 바닥까지 잘 저어서 먹어야 한다는 의미로 보면 된다.

깐찬차라 바
어떻게 가야 할까?

1 마요르 광장 안으로 들어가지 말고 뮤즈 여신상을 보면서 왼쪽으로 길을 잡는다.

2 약 100m 이동 후 교차로를 지나면 왼쪽 벽면에 십자가 모양이 있는 건물이 보인다.

3 오른편에 깐찬차라 바가 보인다.

Tip 1.

저녁쯤 마요르 광장 주변을 산책하고 있으면 가장 많이 들리는 소리가 "레스따우란떼(Restaurante)!"다. 식당 호객행위가 일종의 관습처럼 굳어진 것이다. 이미 많은 쿠바인들은 관광객이 돈이 된다는 사실을 안다. 하지만 이런 호객행위에도 대부분의 식당들은 텅텅 비어 있다. 음식의 질도 떨어지고 터무니없는 바가지요금을 요구하기 때문이다. 쿠바의 관광정책화로 많은 식당의 음식들은 질이나 양에 비해 터무니없이 높은 가격이 책정되어 있다.

괜찮은 식당 찾기에 지치고 까사에서 숙박을 한다면 먹고 싶은 음식을 까사 주인에게 주문해보자. 까사도 아침과 저녁식사로 부가 수입을 올린다. 무엇보다 식당에서 먹는 것보다 저렴한 가격에 풍성하고 깔끔한 식사를 할 수 있다.

까사의 아침식사

까사의 저녁식사

대부분 까사의 아침식사는 5CUC 정도로 가격 대비 음식의 질은 떨어진다. 대신 저녁식사는 7~10CUC의 돈을 지불하기에 괜찮은 음식들이 나온다. 뜨리니다드에서 저녁식사로 먹은 풍성한 까사 랍스타는 쿠바에서 먹은 음식 중 손꼽을 정도다. 한 번쯤은 까사에서 저렴한 가격에 맛있고 신선한 식사를 경험해보자. 음식의 종류가 고민된다면 까사 주인에게 추천해달라고 하면 된다. 그들이 가장 자신 있는 음식을 내놓을 것이다. 무엇보다 나만을 위해 깔끔한 만찬이 차려진 것에 기분이 좋아질 것이다.

Tip 2.

쿠바의 가장 화려한 19세기 홈스테이를 경험하고 싶다면 다음의 까사를 추천한다. 홈페이지나 이메일로 예약 후 이용 가능하다. 마요르 광장과는 조금 거리가 있지만 운치 있는 집이라 관광객들이 많이 찾는다. 당연히 다른 까사를 이용하는 가격보다 비싸다.

까사 마우리(Casa Mauri)
▶주소: St.Gustavo Izquierdo (Gloria) #119, Trinidad ▶전화: (+53)52 474272 ▶이메일: guests@hostalcasamauri.com ▶홈페이지: www.hostalcasamauri.com

까사 메이어(Casa Meie)
▶주소: St.Gustavo Izquierdo (Gloria) #111, Trinidad ▶전화: (+53)41 993444 ▶홈페이지: www.hostalcasameyer.com

05

다섯째 날,

오늘 하루 헤밍웨이로 살아보자

Cuba

오늘 하루는 쿠바를 제2의 고향으로 여겼던 헤밍웨이의 흔적을 따라 걸어보자. 지금은 박물관이 된 그의 집필 장소이자 사교장이었던 저택에도 가보고, 작품 구상으로 머리가 혼잡할 때나 해 질 녘 자주 찾았던 바에 들러 헤밍웨이가 즐겨 마셨던 칵테일 한 잔을 하면서 오롯이 헤밍웨이의 모습을 좇아보는 것이다. 시간이 된다면 소설 〈노인과 바다〉를 들고 그 배경이 된 장소로 가서 책 속으로 여행을 떠나보는 것도 새로운 감동을 안겨주리라.

다섯째 날, 일정 한눈에 보기

헤밍웨이 박물관
∨
꼬히마르
∨
라 플로리디따
∨
암보스 문도스 호텔
∨
라 보데기따 델 메디오

다섯째 날 일정지도

라 보데기따 델 메디오

암보스 문도스 호텔

Obispo

라 플로리디따

오리엔떼 정원

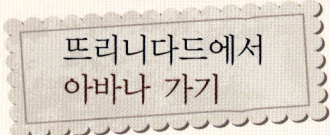

뜨리니다드에서 아바나 가기

1-1. 아바나로 이동하기(비아술 버스 이용)

비아술 버스를 이용하면 6시간 정도 소요된다. 첫차로 이동해야 아바나에 도착 후 오후 일정을 보낼 수 있다. 계절마다 버스 출발 시간이 다르니 사전에 시간을 꼭 확인할 것.
출발 시간: 7:40, 10:30, 15:45
버스 요금: 25CUC~

① 뜨리니다드 비아술 터미널로 간다.

② 표를 예매하지 않았다면 왼쪽 비아술 사무실로 들어가서 표를 구매한다.

③ 터미널 안에서 직진한다.

④ 짐을 보관하고 짐 교환표를 받는다.

⑤ 짐 교환표를 받은 후 출발 시간이 되면 아바나행 버스를 탄다.

1-2. 아바나로 이동하기(여행사 밴 이용)

머물렀던 까사나 여행사를 통해서 8인승 밴으로 아바나까지 이동할 수 있다. 밴을 이용해도 가격은 비아술 버스 가격과 같다. 밴을 타고 이동시 좋은 점은 뜨리니다드 숙소까지 밴이 데리러 오며 아바나 도착 후에도 숙소까지 데려다준다는 것이다. 비아술 버스를 이용할 경우 아바나 터미널에 도착 후 숙소까지 다시 택시나 시내버스를 타야 하는 번거로움이 있는 것에 비해 매우 편리하다. 시간도 비아술 버스보다 2시간이나 빨라 4시간 정도 소요된다. 이렇게 시간과 경제적인 면에서 장점이 있지만 8인승 밴에 인원을 꽉 채워서 이동하다보니 좌석의 불편함은 감수해야 한다.

만약 까사에 머물렀다면 주인에게 안내받아 이용할 수 있다. 하지만 그렇지 않다면 여행사를 이용해야 한다. 뜨리니다드 도심을 구경하고 다니다 보면 곳곳에 있는 여행사 사무실 밖에서 "아바나!"라고 외치며 호객행위를 하는 것을 볼 수 있다. 이들 여행사를 통해 밴을 예약할 수 있다. 바로 여행사 사무실로 들어가 예약을 하고 머물고 있는 숙소 주소를 알려주면 다음 날 약속된 시간에 숙소로 데리러 온다.

Tip 1.
여행 첫날 쿠바에 도착해 아바나에 머무르는 동안 다시 아바나로 돌아오는 날짜를 계산해서 일정에 맞게 숙소를 미리 예약해놓으면 편하다. 특히 이동할 때 불필요한 짐도 맡겨놓을 수 있다.

Tip 2.
만약 떠나고자 하는 날짜에 버스표가 모두 매진되었다면 자신이 머물고 있는 숙소(호텔 · 까사 · 유스호스텔)에서, 즉 호텔이나 유스호스텔에서는 직원에게, 까사에서는 까사 주인에게 밴으로 예약을 해달라고 하면 된다. 일부 까사 주인이나 호텔 직원 중에는 여행자들이 교통편을 묻기도 전에 먼저 이야기하기도 한다. "아바나는 버스로 가느냐?" "버스 말고 밴으로도 갈 수 있다." "밴으로 가기를 원하면 내가 예약해주겠다."라고 말이다. 아마 여행사 등에서 손님을 소개시켜주면 소개료를 받는 것이 아닐까 하는 생각이 들었다.
처음 나는 버스표를 예약했었다. 그런데 머물렀던 까사의 주인 아주머니가 얼마나 밴을 타고 가라고 추천하는지, 그냥 버스를 타고 가려고 했지만 주인의 인상이 점점 어두워지기에 부랴부랴 버스를 취소하고 밴으로 이동했던 경험도 있다. 좋은 게 좋은 거 아니겠는가! 비아술 버스를 타고 갈지, 밴을 타고 갈지는 여행자의 몫이다.

2. 아바나에 도착해서

아바나의 비아술 터미널에 도착하면 내려서 버스 기사에게 뜨리니다드에서 받은 짐 교환 표를 주고 본인의 짐을 찾은 후 출구로 나가면 된다. 터미널에서 나와 택시를 타고 예약해둔 숙박 장소로 이동한다. 숙소가 베다도 지역이라면 요금이 5CUC 정도, 센뜨로 아바나 지역이라면 7~8CUC 정도 나온다.

3. 아바나 숙소

센트로 아바나의 호아끼나 할머니 집(까삐똘리오 뒤편)

주소: Casa de Joaquina San Jose, San Martin No 116E / Industria y Consulado

쿠바의 다른 까사는 방 하나당 가격을 받지만 이곳은 도미토리 형식으로 1인당 10CUC(아침식사 포함)의 숙박비를 받는다. 무엇보다 한국의 많은 여행자들이 이곳을 거치면서 만들어놓은 쿠바 정보책 '빨간 공책'이 인기이며, 무엇보다 호아끼나 할머니가 한국인들에게 대단히 호의적이다.

센트로 아바나의 시오마라 할머니 집

주소: Centro Habana 506, Calle Aguila Dentro St Martin y Barcelona
전화번호: (+53)7 8639398

이미 블로그에 소문이 자자한 곳이다. 여장부 시오마라 할머니가 빨래까지 해주며 여행자들을 편하게 대해준다.

베다도 지역

주소: Calle #314 Segundo Piso, Entre 19 y 21 Vedado, Habana
전화번호: (+53)7 7329672

센뜨로 아바나 지역(까삐똘리오에서 1분거리, 국립발레극장 근처)

주소: Calle #506 Aguila Dentro St.Martin y Barcelona Centro Habana
전화번호: (+53)7 8639398

Tip.

터미널에서 까사를 찾아갈 때는 택시를 타기 전 반드시 기사에게 주소를 보여주고 가격 흥정을 해야 한다. 쿠바의 택시는 미터기가 없기 때문에 먼저 가격을 정해놓지 않으면 도착 후 거의 대부분 바가지를 쓰기 쉽다. 가지고 있는 주소지까지의 가격을 알아볼 때는 "Hasta direccion, Cuanto es(아스따 디렉씨온, 꾸안또 에스: 주소까지 얼마입니까)?"라고 물어보면 된다.

헤밍웨이의 체취를 느낀다,
헤밍웨이 박물관
Museo Ernest Hemingway

헤밍웨이 박물관은 쎈뜨로 아바나에서 서쪽으로 약 13km 정도 떨어진 마을 산 프란씨스꼬 뽈라(San Francisco Pola)에 위치해 있다. 헤밍웨이가 1940년부터 1960년까지 20여 년 동안 거주했던 저택을 박물관으로 만들어놓았다. 1954년 소설 〈노인과 바다〉로 노벨문학상을 수상한 헤밍웨이의 삶을 기리기 위해서 1962년 7월 21일 저택을 개조해 박물관으로 만들었으며, 세계에서 유일한 헤밍웨이 박물관이다.

이 저택은 1939년 헤밍웨이의 세 번째 부인 마르타 겔호른(Martha Gellhorn)이 아바나의 한 신문광고에서 '핀까 비히아(Finca la Vigia: 전망 좋은 집)'를 발견하고 암보스 문도스 호텔에 머물고 있던 헤밍웨이를 설득해 1940년 구입한 것이다. 이때 저택을 구입한 비용은 소설 〈누구를 위하여 좋은 울리나〉가 영화 제작이 결정되면서 받

은 선금이었다고 한다. 핀까 비히아 저택은 헤밍웨이에게 가장 안정적인 거주지였으며 제2의 고향과 같은 곳이었다. 그가 쿠바를 떠나기 전까지 약 20여 년 동안 살았으며, 그에게 노벨문학상을 안겨준 소설 〈노인과 바다〉를 집필한 곳이기도 하다. 1961년 미국 아이다호에서 헤밍웨이가 자살로 생을 마감한 후 그의 네 번째이자 마지막 부인인 메리 웰시(Mary Welsh)가 핀까 비히아로 돌아온다. 메리 웰시는 피델 까스뜨로와의 면담 후 핀까 비히아를 쿠바인들을 위한 문학적인 성지로 기증한다. 핀까 비히아의 면적은 거의 4천m²로 열대 동식물의 서식지다. 특히 다양한 식물들이 무성하게 자라고 있어 작은 생태공원을 방불케 한다. 농장과 저택을 테라스로 연결해 편하게 이동할 수 있으며 저택에는 헤밍웨이의 작업실과 메리 웰시의 방, 그리고 도서관, 식당, 타워, 수영장 등이 있다.

소설 〈노인과 바다〉에 나오는 "인간은 죽을 수는 있지만 패배하지는 않아."라는 말처럼 헤밍웨이는 이미 50여 년 전에 우리 곁을 떠났지만 그의 흔적은 아직도 쿠바 곳곳에 남아 있다. 헤밍웨이를 그리워하는 세계의 수많은 여행객들은 그에 대한 향수와 그의 흔적을 느끼기 위해 오늘도 쿠바를 찾는다. 헤밍웨이 박물관은 헤밍웨이를 사랑하고 그리워하는 세계의 모든 여행자들이 그의 체취를 폐부 깊숙이 느낄 수 있는 곳이다.

✚ 헤밍웨이 박물관 이용 안내

▶**이용 시간:** 10:00~17:00(일 휴무) ▶**입장료:** 5CUC(사진 촬영시 무료, 비디오 촬영시 시간당 50CUC, 가이드 서비스 5CUC) ▶**주소:** Finca la Vigia 12 1/12km Carretera Central, San Miguel del Padròn, Habana

미국이 쿠바에 가한 경제제재로 쿠바에 있는 미국의 자존심 헤밍웨이의 흔적들은 모두 흠집이 나 있었다. 무성한 잡초가 제멋대로 자라 있었고, 건물마다 조금씩 금이 간 모습을 보니 괜시리 눈시울이 붉어진다. 하지만 어린 시절 무심코 읽었던 소설 〈노인과 바다〉의 집필지에 와 있다는 설렘으로 가슴 한편이 따뜻하게 데워지는 위로를 느낀다. 입구부터 죽죽 뻗은 나무들은 식물원에 와 있다는 착각이 들 정도로 끝없이 하늘을 향하고 있었다. 마치 헤밍웨이가 펼치고자 했던 끝없는 작품세계를 보는 듯하다.

저택 입구에 군데군데 의자를 놓고 나무 그늘 아래 삼삼오오 모여 있는 관리인들은 관광객들의 발길에는 아랑곳없이 그들의 대화에만 신경을 곤두세우고 있었다. 휙 하고 주위를 둘러보니 어른 팔로 감아도 닿지 않을 만큼 큰 덩치의 아름드리나무들이 즐비하다. 본관 쪽으로 눈을 돌리니 거실에 전시되어 있는 헤밍웨이의 책과 박제들이 나를 반긴다. 박제의 모습에서는 호탕한 그의 성격보단 섬뜩한 느낌이 든다. 세월의 흔적이 고스란히 느껴지는 건물 벽에서는 안타까움과 함께 헤밍웨이가 남모르게 혼자 고뇌했던 고독감과 외로움을 보는 것 같기도 하다. 뒤편에 자리 잡고 있는 수영장은 물 한 방울 없이 텅 비어 있어 공허함마저 밀려온다. 헤밍웨이의 호탕한 웃음과 그의 벗들은 다 어디로 갔단 말인가?

3층 전망대로 발길을 옮겨 그의 집필실에 들어서니 소설 집필로 고뇌했을 헤밍웨이가 눈에 선하다. 만약 그가 살아있다면 살며시 다가가 다이끼리 한 잔을 건네고 싶다.

Tip.

쿠바의 공용어가 스페인어다보니 스페인어가 능숙치 않은 사람들은 쿠바 여행이 어려울 것이라고 생각한다. 특히 자세한 설명이 없는 시내버스 이용을 두려워한다. 하지만 두려워하지 않아도 된다. 쿠바인들이 워낙 친절하기 때문에 주소만 보여주면 자세히 알려준다. 조금 불편하고 어렵지만 한번쯤 시내버스 타기를 추천하는 이유는 현지인과 직접 부딪쳐보고 그들과 살을 맞대며 현지에서 사는 기분을 느껴보라는 의미다. 이런 게 여행의 묘미 아니겠는가. 그래도 버스 타기가 두렵다면 근처에 정차되어 있는 택시를 이용하면 된다.

단, 시내버스를 타기 위해서는 시간적 여유와 인내가 필요하다. 시내버스가 자주 오지 않을 뿐만 아니라 정류장에서 타고 내리는 사람이 많고, 에어컨이 작동하는 버스도 거의 없기 때문에 혹독한 더위를 감내해야 한다. 버스가 고장 나는 일도 잦다.

Tip.
어니스트 헤밍웨이(Ernest Hemingway, 1899~1961)

미국의 대문호이며 소설가이다. 고등학교부터 글을 쓰기 시작했고 졸업 후 기자생활을 하면서 자연스럽게 글을 쓰는 훈련을 하게 된다. 1928년 헤밍웨이는 낚시 여행으로 처음 쿠바 땅을 밟는다. 그 이후 쿠바혁명이 일어나고 미국인이라는 이유로 강제추방을 당한 1960년까지 무려 28년간을 쿠바에서 지낸다. 쿠바가 제2의 고향인 셈이다. 쿠바를 집필하기 가장 좋은 곳이라고 예찬했듯이 쿠바를 특별히 사랑했던 헤밍웨이는 쿠바에 머무는 동안 주옥같은 작품들을 집필한다. 제1차 세계대전 당시 군대 경험을 바탕으로 전쟁소설 〈무기여 잘 있거라〉 〈누구를 위하여 종은 울리나〉를 집필하고, 특히 말년에는 노인과 청새치가 벌이는 사투를 묘사한 소설 〈노인과 바다〉를 집필해 퓰리처상과 노벨문학상을 수상했다.

헤밍웨이는 아프리카로의 수렵 여행을 무척 좋아했다. 저택에는 사냥으로 잡은 동물들의 박제가 가득한데 이는 그의 호탕한 정신을 보여주기도 한다. 수렵 여행 중 비행기 사고로 건강이 급격히 나빠지게 되고 쿠바혁명 후 미국으로 강제추방되면서 우울증 증세에 시달리다가 1961년 자택에서 엽총 자살로 생을 마감했다.

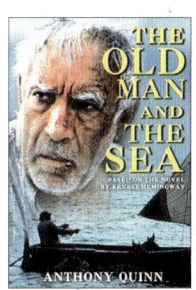

헤밍웨이 박물관
어떻게 가야 할까?

 까삐똘리오를 정면으로 보면서 왼쪽으로 길을 잡는다.

 약 100m를 이동해 까삐똘리오를 끼고 오른쪽으로 돈다. 왼편으로 공원이 보인다.

 약 50m를 더 걸어가면 앞에 차이나타운 입구가 보인다.

 차이나타운 앞에서 왼쪽으로 길을 건넌다.

 길을 건너 두 번째 버스 정류장에서 P-7 버스를 타면 된다. 버스비는 40센타보로 1CUP이면 두 사람이 탈 수 있다.

6️⃣ P-7 버스를 타고 40~50분 정도 이동해 산 프란씨스꼬 정류장에 하차한다. 버스에 안내 방송이 없기 때문에 "산 프란씨스꼬?"라고 물어봐야 된다. 또는 노란색으로 'CASA DE CULTURA(까사 데 꿀뚜라)'라고 적힌 벽면이 보이면 하차한다.

7️⃣ 산 프란씨스꼬 정류장에서 왼쪽으로 길을 건너 골목길로 들어선다.

8️⃣ 골목을 걷다 보면 2개의 하얀 기둥이 보이고, 그 왼편에 쿠바국기도 보인다.

9️⃣ 입구에 도착해서 입장료를 지불하고 표를 받는다. 가이드가 필요하면 이곳에서 가이드 표도 함께 구입한다.

Tip.

택시를 이용할 수도 있다. 다만 버스는 편도 40센타보, 우리나라 돈으로 50원 정도면 이용 가능하지만 택시 비용은 편도 20CUC, 2만 원 정도다.

헤밍웨이 박물관
어떻게 돌아보지?

1. 숲길을 따라 약 200m 걸어가면 의자에 앉은 직원이 표를 받아 절취한 후 다시 돌려준다. 돌려받은 표는 관람 후 나갈 때 직원이 다시 확인한다.

2. 오른편에 현재 관리사무실로 이용되는 건물이 있다. 혹시 영어나 스페인어로 하는 가이드의 설명이 필요하면 이곳에 문의하면 된다.

3. 관리사무실을 지나면 정면에 헤밍웨이가 살았던 본관 건물이 나온다.

4. 본관으로 올라가면 응접실과 거실이 나온다. 안타깝게도 거실 안에는 들어갈 수 없고, 줄이 쳐진 바깥에서 구경해야 한다.

5. 벽 곳곳에 달려 있는 동물 박제를 보면 헤밍웨이가 얼마나 사냥을 좋아했는지 알 수 있다.

6. 거실을 본 후 계단을 따라 올라가면 헤밍웨이의 서재와 침실이 나온다. 벽면에 책이 가득하다. 침실 한 편에 돋보기가 그대로 놓여 있다.

7. 본관 왼편으로 전망대 겸 집필실이었던 3층 건물이 보인다. 이 안에는 천체 망원경, 타자기 등이 있다.

8. 3층으로 올라가면 아바나 시내와 항구까지 한눈에 들어온다.

9. 전망대 겸 집필실을 뒤로 하고 계단을 따라 이동한다.

10. 숲 속 길을 따라 약 100m를 걸어가면 작은 수영장이 나온다. 여배우 에바 가드너가 수영복도 입지 않고 수영했다는 일화가 있는 곳이기도 하다.

11. 이 작은 수영장에서 헤밍웨이는 자주 파티를 열어 많은 벗들과 술잔을 기울였다고 한다.

12. 수영장 오른편에는 헤밍웨이가 애용했던 낚싯배 삘라르(Pilar)가 정박되어 있다.

13. 배를 두고 한 바퀴 길을 따라 돌고 나면 헤밍웨이가 애완동물로 길렀던 고양이 무덤이 비석과 함께 있다.

14. 수영장 오른편 길을 따라 가면 헤밍웨이가 사용한 탈의실이 나온다.

15. 수영장을 둘러본 후 다시 왔던 길을 돌아서 나오면 본관 건물 앞에 쉴 수 있는 공간이 있다. 잠시 앉아서 사색에 잠기기에 좋을 듯하다.

〈노인과 바다〉의 배경이 된 그곳,
꼬히마르
Cojimar

'전망 좋은 곳'이란 의미를 가진 꼬히마르는 센뜨로 아바나에서 동쪽으로 15km 정도 떨어져 있으며, 적막하지만 풍경이 아름다운 조그만 어촌 마을이다. 1555년 인디언들이 정착한 후에 아프리카 노예와 스페인 정착민들이 거주하기 시작하면서 마을이 확장되었다. 1976년까지는 구아나바꼬아(Guanabacoa)에 속했다가 이후 아바나에 속하게 되었다. 현재 꼬히마르는 거주인구가 2만여 명에 불과하다. 하지만 사회적·역사적 의미가 크고, 해변과 요새가 아바나 세계유산의 일부로 지정되기도 했다. 꼬히마르가 유명해진 이유는 따로 있다. 바로 헤밍웨이의 소설 〈노인과 바다〉의 배경이 되었기 때문이다. 안소니 퀸 주연의 1990년작 영화 〈노인과 바다〉의 첫 장면에 등장하기도 한다. 또한 소설 속에서 꿈을 포기하지 않는 한 늙은 어부 산티아고

의 모델이 되었던 그레고리오 푸엔떼스(Gregorio Fuentes)가 살았던 마을이기도 하다. 헤밍웨이는 꼬히마르에 와서 자주 낚시를 즐겼는데 푸엔떼스는 헤밍웨이의 절친한 친구였다고 한다. 비록 2002년 104세의 나이로 푸엔떼스도 세상을 떠났지만 많은 여행객들은 소설 〈노인과 바다〉를 떠올리며 꼬히마르를 찾고 있다.

해변 한쪽에는 어부들이 헤밍웨이를 기리기 위해 만든 흉상이 자리 잡고 있다. 사용하지 못하는 배의 황동 소재 부속품을 녹여 만들었다고 한다. 흉상을 보고 있자니 바다로의 그리움이 느껴지는 듯하다. 흉상 앞에는 스페인에게 지배당하던 시절 해적의 침입을 막기 위해 1649년 건립한 모로성이 자리를 잡고 있다. 모로성을 따라 쌓여 있는 방파제에 잠시 걸터앉아 늙은 어부가 노를 저어 바다로 나가는 모습을 잠시 상상해본다. 방파제에는 낚싯대를 기울이고 있는 주민들도 많다. 이곳에서는 헤밍웨이를 기리기 위해 매년 청새치 낚시대회를 개최하기도 한다.

방파제를 뒤로 하고 마을로 들어가면 헤밍웨이가 살아생전 자주 들렀으며 〈노인과 바다〉의 실제 배경이 된 라 떼레사(La Terraza) 레스토랑이 나온다. 흘러나오는 음악과 여행객으로 고요한 마을에 활력을 더해주는 곳이다. 라 떼레사 레스토랑에는 헤밍웨이가 앉았던 테이블을 그대로 세팅해놓고 있다. 다시 돌아오지 않을 헤밍웨이지만 어쩐지 문을 열고 그가 들어올 것만 같다. 꼬히마르를 방문한다면 라 떼레사에 들러 잠시나마 헤밍웨이와 그의 문학세계에 빠져보자.

> Tip.
> 라 떼레사 레스토랑에서는 벽에 걸려 있는 헤밍웨이의 사진, 그리고 소설 〈노인과 바다〉의 실제 모델 푸엔떼스의 사진들을 감상할 수 있다. 모히또를 한 잔 하면서 그들이 나누었던 우정을 느껴보는 것도 소중한 추억이 될 수 있을 것이다. 모히또의 가격은 4CUC 정도다.

마을에서 들리는 소리라고는 내가 걸으며 내는 발자국 소리뿐이라는 착각이 들 정도로 조용하다. 글을 한 번도 지어본 적 없는 사람도 시상이 절로 떠오를 것 같은 그런 한가로움이 있는 마을이다. 가끔씩 해변에서 들려오는 아이들의 천진난만한 웃음소리가 이 적막함을 깨뜨린다.

여행을 할 때 바쁘게 움직여 하나라도 더 많이 보려고 하는 사람들의 눈에는 꼬히마르가 아무 볼거리 없는 어촌 마을로 보일 수도 있다. 하지만 시간이 완전히 멈춘 듯한 꼬히마르에서 여유로운 휴식과 함께 더위를 식혀보는 것은 어떨까?

꼬히마르
어떻게 가야 할까?

1 까삐똘리오를 정면으로 보고 오른쪽 대극장을 지난다.

2 잉그라떼라 호텔을 지난다.

3 오른쪽 쁘라도 거리를 지난다.

4 쁘라도 거리 첫 번째 교차로(Paseo de Marti y Colon) 오른쪽에 있는 버스 정류장에서 58번 버스를 탄다.

5 30분 정도 이동해서 일곱 번째 정류장인 꼬히마르에서 하차한다. 헤밍웨이 흉상이 보일 것이다. 만약 까삐똘리오에서 택시를 타고 꼬히마르까지 온다면 편도 15CUC 정도 요구한다.

꼬히마르
어떻게 돌아보지?

1. 폐선을 재료로 삼아 만들었다는 헤밍웨이의 흉상이 오른쪽으로 15도 정도 기울어져 꼬히마르의 바다를 바라보고 있다.

2. 헤밍웨이의 흉상에서 왼쪽으로 약 50m를 걷다 보면 모로성이 나온다. 바다에서 건져 올린 돌들로 만들어진 성의 외부 모양이 특이하다. 건물 보존상 계단을 올라갈 수는 없다.

3. 모로성을 왼편으로 두고 조그만 방파제가 있다. 소설 〈노인과 바다〉에서 노인이 배를 타고 출발했던 장소이며 헤밍웨이를 추억하며 매년 낚시대회 축제가 열린다.

4. 방파제를 뒤로 하고 마을로 300m 정도 걸어가면 〈노인과 바다〉의 배경이기도 하고 헤밍웨이가 꼬히마르를 찾을 때 자주 방문했던 라 떼레사가 있다.

해 질 녘 헤밍웨이와 다이끼리 칵테일,
라 플로리디따
La Floridita

라 플로리디따는 중앙공원을 지나 오비스뽀 거리 시작점에 있다. 1817년 '라 삐냐 데 쁠라따(La Piña de Plata)'라는 이름으로 가게를 열고 100년이 지나 북미 관광객들이 가게 이름을 '라 플로리다(La Florida)'로 바꿀 것을 설득했지만 이미 오랜 시간 동안 관광객들에게는 '라 플로리디따(La Floridita)'로 알려져 유지되고 있었다.

1914년 스페인 까딸루냐의 이민자 꼰스딴띠노 리발라이구아 베르뜨(Constantino Ribalaigua Vert)가 이곳에서 닉네임 꼰스딴떼(Constante)로 불리며 바텐더로 일을 시작했고 1918년에는 바의 주인이 되었다. 그 후 1930년 꼰스딴띠노가 칵테일 '다이끼리'를 만들면서 가게는 유명세를 타기 시작했다. 결국 그 바는 신선한 과일과 럼으로 특별한 칵테일을 만드는 기술을 전수하는 칵테일 학교가 되었고, 꼰스딴띠노의

제자들이 칵테일 제조 기술의 전통을 이어오고 있다.

헤밍웨이는 암보스 문도스 호텔에 머무는 동안 라 플로리디따에 들러 마셨던 다이끼리 칵테일에 반해 매일 해 질 녘이면 이 바를 방문했다고 한다. 그 뒤 핀까 비히아(현 헤밍웨이 박물관)에 살면서도 그의 아내 메리와 함께 이곳을 자주 찾았다. 라 플로리디따의 중앙에는 쿠바 조각가 호세 빌라 소베론이 2003년 제작한 실물 크기의 헤밍웨이 동상이 있다.

현재 1940~1950년대의 분위기를 그대로 유지하고 있으며 바텐더도 리젠시 스타일과 일치하는 붉은 코트를 입고 있다. 다이끼리 칵테일은 쿠바와 불편한 관계였던 미국 대통령 존 F. 케네디가 즐겨 마셨던 술이기도 하다. 쿠바에서 탄생하고 세계적으로 유명해진 다이끼리 칵테일이 모두 미국인(케네디와 헤밍웨이) 덕분에 유명해졌다는 사실이 참 아이러니하다.

✚ 라 플로리디따 이용 안내

▶ **이용 시간:** BAR 11:00~24:00, RESTAURANTE 12:00~13:00(라 플로리디따 내부에 레스토랑이 따로 있어, 이 시간 이외에는 이용할 수 없음) ▶ **가격:** 다이끼리 한 잔 4CUC~ ▶ **주소:** Obispo #557 esq. a Monserrate, Habana Vieja
▶ **전화번호:** (+53)7 8671300

Tip 1.

다이끼리(Daiquiri)는 쿠바의 도시 산차고 근교에 있는 광산의 이름에서 따왔다. 1905년 다이끼리 광산에서 근무하던 미국의 기술자 제닝스 콕스가 쿠바산 럼주에 라임주스와 설탕을 넣어 만든 것이 시초라고 한다. 그 후 라 플로리디따에서 바텐더 꼰스딴띠노가 헤밍웨이를 위해 럼주, 얼음, 사탕수수 즙을 넣어 만들어주면서 유명해졌다. 헤밍웨이는 술을 급하게 마셨기에 꼰스딴띠노는 헤밍웨이를 위해 항상 2잔을 만들었다고 전해진다.

Tip 2.

라 플로리디따의 고객 중에는 헤밍웨이 이외에도 유명한 쿠바의 지식인들, 외국의 예술가들이 있다. 미국의 시인 에즈라 파운드(Ezra Pound)와 소설가 도스 파소스(Dos Passos)를 비롯해 영국의 소설가 그레이엄 그린(Graham Greene)도 자주 찾았다고 한다.

쿠바는 체 게바라가 반을, 헤밍웨이가 나머지 반을 먹여 살려주는 것 같다. 쿠바를 찾은 모든 여행자들이 이곳에 모두 모여 있는 것 같다. 입구부터 줄지어 기다리고 있는 여행자들은 설렘 반 기대 반의 상기된 표정으로 자신들이 주문한 다이끼리를 기다리고 있다. 바텐더들은 다이끼리를 기계적으로 만들어내고 있다. 바에 들린 사람들은 너 나 할 것 없이 다이끼리 한 잔씩을 들고 있다. 다들 이곳에 오기 전부터 마치 다이끼리의 열혈팬이었던 것처럼 높이 치켜든 칵테일 한 잔이 익숙해 보인다.

나도 그들처럼 다이끼리 한 잔을 주문해본다. 목을 타고 내려가는 싸한 기분이 쿠바의 더위를 다 잊게 해준다. 헤밍웨이의 동상 옆에 앉아 그와 이야기를 나누어본다. "왜 당신은 다이끼리의 열혈팬이 되었소?" "왜 당신은 그렇게 쿠바를 사랑했소?" 마주 본 동상은 나에게 미소만 지어줄 뿐 아무 말이 없다. 난 그렇게 다이끼리에, 바의 음악에 취하고 있었다.

라 플로리디따
어떻게 가야 할까?

1. 까삐똘리오를 정면으로 보고 오른쪽으로 길을 잡는다.

2. 오른쪽으로 직진하면 대극장을 지나 잉그라떼라 호텔이 나온다.

3. 잉그라떼라 호텔에서 오른쪽으로 길을 건너면 중앙 공원이 나온다.

4. 직진해서 횡단보도를 지난다.

5. 두 번째 횡단보도를 지나면 오른쪽에 라 플로리디따가 있다.

211

라 플로리디따
어떻게 돌아보지?

1. 안으로 들어가면 왼편 탁자 위에 팔을 걸친 헤밍웨이를 볼 수 있다.

2. 왼쪽 벽면에는 피델 까스뜨로와 담소를 나누는 사진과 헤밍웨이 흉상이 있다. 그 밖의 다른 사진들도 찬찬히 둘러보자.

3. 바텐더에게 다이끼리 한 잔을 주문한다. 가격은 4CUC부터다. 이 장소에서 헤밍웨이를 제대로 느끼고 싶다면 모히또보다는 다이끼리를 주문하자.

4. 바 안쪽에는 12시부터 13시까지 한 시간만 운영하는 레스토랑이 있다. 사실 라 플로리디따를 방문하는 사람들은 레스토랑보다 바에서 칵테일을 마시고 미니 라이브 공연을 보는 데 열중한다.

헤밍웨이의 숙소이자 작업실,
암보스 문도스 호텔
Hotel Ambos Mundos

1923년 착공해 1931년에 문을 연 암보스 문도스 호텔은 오비스뽀 거리 제일 끝자락에 위치한 아바나 비에하에서 가장 역사 깊은 호텔이다. 헤밍웨이가 1932년부터 1939년까지 7년 동안 머물렀던 곳으로, 그의 향취를 깊숙히 느낄 수 있다. 헤밍웨이는 이 호텔에서 〈누구를 위하여 종은 울리나〉를 비롯해 수많은 단편소설들을 집필했다. 현재 이 호텔은 호텔로서의 순수한 기능보다는 수많은 여행자들과 함께 헤밍웨이에 대한 향수를 나누는 장소로서의 역할이 더 크다. 세계 각지에서 밀려드는 수많은 관광객들을 위해 호텔 외부에는 각종 행위예술가들의 퍼포먼스와 음악 연주가 펼쳐진다. 잠시 넋을 잃고 그들의 예술에 취해 있노라면 '음악과 열정이 있는 남미 국가들 중에서도 쿠바가 가장 자유로운 국가가 아닐까?' 하는 착각이 들 정도다.

호텔에 들어서자 1층 로비 벽 곳곳에 헤밍웨이의 생전 사진과 친필 사인이 가득하다. 철제문의 엘리베이터를 타고 5층으로 올라가니 헤밍웨이가 머물렀던 511호의 방이 박물관으로 탈바꿈되어 있다. 넓지 않은 511호 방에 들어가면 1인용 침대가 놓여 있고 생전에 사용했던 타자기, 낚싯대, 전화기 등과 스크랩된 기사, 사진들이 전시되어 있다. 방을 구경하고 옥상으로 올라가면 탁 트인 아바나 시내와 파도가 출렁이는 항구, 까바냐 요새까지 한눈에 보이는 야외 바가 있다.

헤밍웨이의 숙소이자 작업실이었던 암보스 문도스 호텔은 아바나의 가장 중심부에 있고 아바나 시내 전체를 관망할 수 있어 가장 많은 여행자들의 발길을 멈추게 하는 곳이다. 눈에 띄는 분홍색의 암보스 문도스 호텔로 한번 들어가보자.

✚ **암보스 문도스 호텔 511호 이용 안내**

▶ **이용 시간**: 10:00~17:00　▶ **입장료**: 2CUC　▶ **주소**: Calle Obispo #153, La Habana　▶ **전화번호**: (+53)78609530

Tip 1.
암보스 문도스 호텔 511호 방은 헤밍웨이가 사용했던 물품들로 작은 박물관을 만들어놓았다. 만약 방문이 닫혀 있다면 노크를 하거나 문을 열고 들어가 그곳에 있는 직원에게 입장료를 내야 한다.

 **Tip 2.**
호텔의 이름을 살펴보자면 암보스(Ambos)는 양쪽, 문도스(Mundos)는 세상, 세계를 의미한다. 이 두 단어를 합친 암보스 문도스는 '새로운 것과 낡은 것, 2개의 세계'를 뜻한다고 할 수 있다.

느낌 한마디

오비스뽀 거리를 따라 걷다 보면 끝자락에 분홍색 건물이 눈에 띈다. 쿠바의 헤밍웨이에 대한 사랑처럼 아바나에서 가장 눈에 띄는 색이다. 호텔 내부에 한 발 들여놓기만 해도 여행객들이 떠드는 이야기로 시끌벅적하다. 다들 오늘만은 문학소년, 문학소녀가 되어 헤밍웨이에 대해 열띤 토론을 나누고 있다. 호텔 로비 카페에서는 어느 누구랄 것도 없이 모히또 마시기에 열을 올리고 있다. 헤밍웨이의 흔적이 조금이라도 남아 있는 곳은 철저하게 관광자원이 되어 사람들을 끌어모은다. 미국과 가장 사이가 좋지 않았던 쿠바에서 미국의 대문호 헤밍웨이로 관광수입을 올리고 있는 것이 참 모순적이다.

카페에 앉아 있는 사람들은 '여기까지 왔으면 모히또 한 잔은 마셔야지!' '모히또 한 잔 없이 헤밍웨이를 알 수 없지.'라고 믿고 있는 것 같다. 나도 덩달아 모히또 한 잔을 시켰다. 바쁘게 움직이는 직원들 사이로 눈짓으로 건배를 하는 덥수룩한 수염에 푸근한 아저씨가 보인다. 헤밍웨이다. 나는 그와 마주 앉아 분위기를 즐겼다. 아, 모히또 한 잔으로 찾아온 환영의 만남이여!

주위를 둘러보니 여행자들은 헤밍웨이 사진을 배경으로 추억을 담느라 정신이 없다. 그래도 멋지지 않은가? 잠시나마 헤밍웨이와 모히또 한 잔으로 오후를 열었다는 것이 말이다. 환영 속의 헤밍웨이를 위해 '살룻(Salud: 건배)!'

암보스 문도스 호텔
어떻게 가야 할까?

1 라 플로리디따를 오른쪽으로 두고 오비스뽀 거리 쪽으로 직진하면 세 번째 블록 중간 지점 오른편에 상설 전시장이 보인다.

2 전시장을 지나 계속 약 200m를 더 직진하면 화폐 박물관이 보인다.

3 일곱 번째 블록 시작점 왼편에는 조그만 정원, 그리고 앞쪽에는 대포알이 박힌 거리를 지난다.

4 그 블록 끝 지점 오른편을 보면 'INFOTUR(인포뚜르)'라고 적혀 있는 여행안내소가 있다.

5 약 100m를 더 직진하면 분홍색의 암보스 문도스 호텔이 나온다.

암보스 문도스 호텔
어떻게 돌아보지?

1. 호텔 로비 오른쪽 벽면에 헤밍웨이와 관련한 사진들이 걸려 있다.

2. 철문 엘리베이터 뒤쪽 벽면에 있는 사진들 아래에는 액자로 만든 헤밍웨이 친필 사인이 있다.

3. 호텔 로비는 수많은 여행객들로 붐빈다. 로비에 앉기 위해서는 음료를 주문해야 한다.

4. 로비 정중앙에는 옛날식 철문 엘리베이터가 있다. 이 엘리베이터를 타고 5층으로 올라간다.

5. 5층에서 내리면 정면에 501호가, 그 오른쪽 통로로 이동하면 제일 끝에 헤밍웨이가 머물렀던 511호가 나온다.

6. 가장 먼저 보이는 것은 헤밍웨이의 두상이다.

7. 헤밍웨이가 직접 사용했다는 타자기도 볼 수 있다. 헤밍웨이의 집필 흔적이 고스란히 묻어 있다.

8. 호텔 벽면에 헤밍웨이와 관련된 기사와 사진들이 스크랩되어 걸려 있다.

9. 진열장 위에 장식되어 있는 모형 보트는 〈노인과 바다〉에 나온 어선 필라르를 본뜬 것이다.

10. 헤밍웨이가 평소 사용했던 낚싯대도 전시되어 있다.

11. 하루의 고단함을 풀기 위해 헤밍웨이가 휴식을 취했을 침대가 있다.

12. 511호를 나와 6층으로 올라가면 옥외 카페가 있다.

13. 따로 음료를 마시지 않더라도 옥외 카페에서 한눈에 들어오는 아바나 시내와 항구의 장관을 즐겨보자.

Tip.

암보스 문도스 호텔을 방문하면 대부분의 관광객들은 511호만 보고 내려간다. 아마도 6층에 옥외카페가 마련되어 있는 것을 모르는 듯하다. 답사 때 한국에서 자유여행을 온 사람들과 이야기를 할 기회가 있었는데, 이들에게 6층에 올라가면 까바냐 요새와 아바나 항구, 아바나 도심을 한눈에 볼 수 있다고 알려주었더니 고마워했던 기억이 난다. 암보스 문도스 호텔을 방문하면 6층에 마련된 옥외카페를 꼭 들러 항구에서 불어오는 시원한 바람과 함께 아바나의 정취를 느껴보기 바란다.

헤밍웨이와 함께하는 모히또 칵테일,
라 보데기따 델 메디오
La Bodeguita del Medio

라 보데기따 델 메디오는 쿠바의 전형적인 레스토랑 바(bar)다. 지금은 헤밍웨이의 발자취를 찾는 사람들에게 유명한 관광지가 되었다. 칠레 전 대통령 살바도르 아옌데, 노벨문학상을 수상한 시인 파블로 네루다 등 유명인들이 이용한 장소로도 유명하다. 벽면에는 그들의 서명과 일반인들의 낙서, 사진들이 가득하다. 또한 헤밍웨이가 직접 쓴 'My mojito in La Bodeguita, My daiquiri in El Floridita(나의 모히또는 라 보데기따에서, 나의 다이끼리는 엘 플로리디따에서).'라는 문구도 있다.

1942년 앙헬 마르띠네스(Angel Martinez)는 아바나 비에하 엠뻬드라도(Empedrado) 거리 안에 있는 조그만 창고 하나를 산다. 그는 그 창고를 '마르띠네스 집(Casa Martinez)'이라 부르며 쿠바 제품을 판매하고 단골손님들에게는 저녁식사도 제공했

다. 마르띠네스 집을 방문한 친구들은 럼·민트·설탕·레몬·소다로 만든 '모히또'라는 칵테일을 마셨는데 이곳을 모히또가 탄생한 곳이라고 이야기해도 손색이 없다. 1949년 실비아 토레스라는 요리사가 중국 음식을 만들어내기도 하면서 그 이후 점점 아바나의 중심 레스토랑이 되어 갔다. 작가와 안무가, 음악가, 기자들의 만남의 장소로 이용되기도 했다. 1950년에 들어 아바나 비에하에 정식 레스토랑의 필요성이 대두하면서 결국 '라 보데기따 델 메디오'라는 이름의 레스토랑이 탄생한다.

1959년 쿠바혁명으로 잠시 문을 닫게 되는데 이때 벽면에 있었던 일부 사진과 원본 서명을 잃어버리기도 했다. 이후 칠레 전 대통령 살바도르 아옌데에 의해서 다시 문을 열었다. 1997년에는 관광산업을 위축시킬 목적의 폭탄테러가 일어나 수십 명이 부상을 당하는 위기를 겪었지만 지금까지도 유명세는 유지되고 있다. 현재 멕시코, 미국, 우크라이나, 체코, 헝가리, 영국, 독일, 호주 등 전 세계에 '보데기따'라는 레스토랑이 있다.

✚ 라 보데기따 델 메디오 이용 안내

▶ **이용시간:** BAR 11:00~24:00, RESTAURANTE 12:00 이후 식사 가능(보데기따에는 안쪽과 2층에 레스토랑이 따로 있음. 점심시간 이외에 음식 주문이 안 된다고 하지만 절대적인 것은 아님) ▶ **가격:** 모히또 3년산 한 잔 4CUC~, 7년산 한 잔 5CUC~ ▶ **주소:** C. Empedrado e/ cuba y San Ignacio, Habana Vieja

Tip 1.

모히또(Mojito)는 럼주, 레몬즙, 물, 설탕, 민트잎으로 만든 칵테일이다. 레몬의 새콤함과 민트의 화사한 맛이 특징이다. 모히또의 유래에는 3가지 설이 있다. 첫 번째, 라임을 재료로 만든 쿠바의 양념 모호(Mojo)에서 유래되었다. 두 번째, 스페인어로 '물에 젖은 것'을 뜻하는 모하도(Mojado)라는 단어에서 유래되었다. 세 번째, '마법의 부적'이라는 의미를 가진 단어 모호(Mojo)에서 왔다. 이 중 무엇이 맞는지는 알 수 없다.

Tip 2.

럼주는 럼(rum)이라고도 하며 사탕수수 즙이나 당밀 등의 부산물을 원료로 발효, 증류, 숙성시켜서 만든 증류주다. 달콤한 향과 특유의 맛이 있다. 쿠바의 럼주에는 아바나 클럽, 바카르디, 코르바가 있지만 쿠바 럼주의 대표는 역시 아바나 클럽이다. 아바나 클럽은 발효 기간에 따라 3년, 5년, 7년산이 있는데 모히또는 이 아바나 클럽으로 만든다. 그래서 모히또 3년산이라고 하면 3년 발효된 럼(아바나 클럽)을 사용한 칵테일이라고 생각하면 된다. 럼(바카르디)에다 콜라를 섞어서 마시기도 한다.

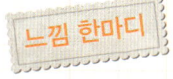

골목을 들어서자 좌우로 거리 예술가들의 데생이 한참이다. 지나는 사람들의 시선을 사로잡기에 모자람이 없다. 저 멀리에서는 흥겹고 빠른 박자의 음악이 들려온다. 벽면은 많은 여행객들의 낙서로 가득 차 있어 라 보데기따 델 메디오의 유명세를 가늠할 수 있었다. 입구로 들어섰지만 헤밍웨이를 찾은 관광객들로 붐벼 어디 앉을 곳은 고사하고 발붙이고 서 있을 자리도 없다. 느긋하게 바의 정취를 느끼기는 어려울 것 같다. 왜 이리도 헤밍웨이에 열광한단 말인가? 이들은 무엇을 찾아 여기까지 온 것일까? 흥에 겨워 이리저리 몸을 흔드는 여행자들을 보니 연주를 하는 악단들도 함께 흥이 난 듯하다.

헤밍웨이도 이랬을까? 집필로 머리가 아프거나 해 질 녘이 되면 이 여행자들처럼 어슬렁거리며 이곳을 찾았을까? 조금이라도 한가한 곳을 찾기 위해 2층으로 올라갔다. 하지만 2층도 한적함과는 거리가 멀다. 아예 단체로 노래를 부르며 흥을 돋우고 있었다. 내가 올라가자 "한국인이냐? 일본인이냐? 중국인이냐?"라며 관심을 갖는다. "한국에서 왔다."라는 말이 떨어지기가 무섭게 같이 노래를 부르자고 한다. 그렇게 그들 틈에 끼여 콧노래를 불러본다. 헤밍웨이를 찾아서 온 사람들은 라 보데기따 델 메디오에서 모두 친구가 된다. 오늘도 그렇게 한바탕 즐겨본다.

라 보데기따 델 메디오
어떻게 가야 할까?

 암보스 문도스 호텔을 왼쪽 뒤로 하고 오비스뽀 거리 쪽으로 길을 잡는다.

 직진하면 왼편에 'INFOTUR(인포뚜르)'가 있다.

 오른쪽으로 길을 잡으면 왼편으로 카페 빠리스(cafe paris)가 보인다.

 첫 번째 블록까지 약 100m 직진하면 대포 모양의 경계 말뚝이 나온다.

 계속 직진하면 골목 끝 지점에 대성당(까떼드랄)이 보인다.

6 대성당 광장에 들어서면 왼편에 레스토랑이 보인다. 레스토랑을 끼고 끝까지 직진한다.

7 산 이그나씨오(San Ignacio) 거리가 나온다. 왼편에 말뚝이 박혀 있다.

8 직진하면 왼쪽에 노란색의 'LA BODEGUITA DEL MEDIO(라 보데기따 델 메디오)'라고 적힌 간판이 보인다.

9 입구 좌우에는 수많은 여행자들이 적어놓은 깨알 같은 낙서의 흔적들이 남아 있다.

라 보데기따 델 메디오
어떻게 돌아보지?

1. 가게로 들어가 바텐더에게 모히또 한 잔을 주문한다. 모히또는 3년산과 7년산이 있는데 대부분 3년산을 마신다.

2. 바텐더 위쪽 벽면에 헤밍웨이가 직접 적은 글귀 'My mojito in La Bodeguita, My daiquiri in El Floridita. Ernest Hemingway'가 있다.

3. 정면 위에는 부에나 비스타 소셜 클럽의 보컬이자 애환 섞인 목소리의 주인공 이브라힘 페레르를 스케치한 그림도 있다.

4. 바 내부 오른편 위쪽으로 수많은 인사들의 친필 서명이 들어간 글귀를 볼 수 있다.

5. 1층 바를 지나 2층으로 올라가는 계단 오른편에 헤밍웨이의 두상이 있다.

6. 두상 좌우에는 헤밍웨이의 생전 사진들을 볼 수 있다.

7. 두상 뒤편에는 레스토랑이 있다. 레스토랑에서는 점심과 저녁 식사가 가능하다.

8. 2층 왼편에는 라 보데기따 델 메디오를 스쳐간 여행자들의 사진들이 있다.

9. 대부분의 관광객들은 1층 바에 몰려 있다. 그에 비해 2층은 좀더 한산한 분위기다.

쿠바, 무엇을 먹을까?

쿠바 음식을 가장 저렴하게 먹을 수 있는 곳,
오리엔떼 정원(Jardin del Oriente)

오리엔떼 정원은 아바나에서 가장 저렴하게 식사할 수 있는 레스토랑 중 하나다. 닭고기 스프, 구운 닭고기 요리 등을 음료, 팁까지 포함해 9CUC 정도에 먹을 수 있다. 메뉴판에는 닭고기와 해산물, 햄버거를 비롯한 다양한 음식이 있고, 메뉴가 영어로도 적혀 있어 스페인어를 몰라도 충분히 주문할 수 있다. 쿠바 전통음식 뽀요 아사도는 쿠바인들이 자주 먹는 음식으로 닭을 오븐에 구운 맛이 난다. 쌀밥과 같이 나와 한 끼 식사로 훌륭하다. 닭고기 스프인 소빠 데 뽀요도 맛있다.

✚ 오리엔떼 정원 이용 안내
▶ **이용 시간:** 11:00~23:00 ▶ **가격:** 9CUC~ ▶ **주소:** Amargura #12 e/ Oficios y Mercaderes, Habana Vieja

SOPA DE POLLO(소빠 데 뽀요)

POLLO ASADO(뽀요 아사도)

FRIJOL(프리홀)

유명한 음식점은 항상 그 이유가 있다. 단지 저렴하다는 이유만으로 사람들이 몰리지는 않는다. 이 레스토랑은 가격도 저렴했고, 음식도 명성에 걸맞게 맛있었다. 한참을 기다린 후에야 식당 안으로 들어가 주문을 할 수 있었다. 야외에 마련된 테이블은 나무들과 어우러져 더욱 운치 있어 보였다. 음식도 다른 식당들과 비교해서 매우 정갈하게 나왔다. 물론 맛도 최고였다.

다른 사람들이 먹고 있던 햄버거가 먹음직스러워 보였다. 내가 주문한 것은 쿠바풍 닭고기 요리로 거기에 더해 메뉴판에 없는 검은콩 갈은 것까지 주문해서 먹었다. 쿠바인들은 밥을 먹을 때 그 위에 팥죽 같은 것을 얹어서 먹는다. 만약 밥도 쿠바풍으로 먹고 싶다면 "프리홀, 뽀르 파보르(Frijol, Por Favor: 간 검은 콩 부탁드립니다)."라고 하면 된다. 쌀밥을 그냥 먹는 것보다 훨씬 더 부드럽게 먹을 수 있다.

오리엔떼 정원
어떻게 가야 할까?

1. 오비스뽀거리와 아르마스 광장이 만나는 곳의 노천카페를 끼고 오른쪽 골목길로 들어간다.

2. 오른쪽 골목길로 접어들어 산 프란씨스코 광장까지 걷는다.

3. 산 프란씨스코 광장의 시계탑을 뒤로 둔다.

4. 오른쪽 골목길로 들어간다.

5. 골목길 오른쪽에 오리엔떼 정원이 보인다.

Tip 1.
오리엔떼 정원을 방문했던 여행자들의 댓글

야외 레스토랑으로 합리적인 가격에 전통적인 쿠바 음식을 제공한다. 우리는 세비체와 함께 요리 두 접시를 주문했는데 음식이 매우 맛있었기에 나갈 때 샌드위치까지 포장 주문했다. 음료를 포함해서 가격이 15CUC도 되지 않았다. _Qrnick

햄버거와 핫도그가 1CUC인데 음료는 더 싸다. 아바나 비에하에서 가장 싸게 먹을 수 있는 레스토랑이다. 야외에서 먹을 수도 있다. 규모는 작지만 햄버거가 1CUC이라는 사실에 놀랐다. _lcollens

까사 주인의 추천으로 갔다가 그 뒤로 2번 더 방문했다. 두 번째 갔을 때는 너무 배가 고파서 맥주 2병과 물 2병, 바나나, 고기 요리, 커피 2잔을 먹었는데 전부 해도 12.20CUC였다. 우리는 매우 기분이 좋았고 또 방문할 생각이다. _Ricardo

모히또 1.65CUC, 스파게티와 쌀밥 2CUC, 고기요리 3~4CUC. 전부 맛있었고 무엇보다 가격이 정말 저렴했다. _Xiana

Tip 2.
점심시간인 2~4시, 저녁시간 7시 이후에는 기다리는 사람들이 너무 많아 식사 장소로 안내를 받는 데만 1시간 이상 걸릴 수 있다. 혹여 이 식당을 이용하고 싶으면 붐비는 시간대를 피하는 것이 좋다.

> 쿠바, 무엇을 먹을까?

쿠바 차이나타운의 맛집,
라 플로르 데 로또 (La Flor de Loto)

쿠바에도 오래전부터 중국인들이 이주해왔기 때문에 차이나타운이 존재한다. 차이나타운에 있는 라 플로르 데 로또는 아바나에서 쿠바인들이 가장 많이 찾는 중국 레스토랑이다. 레스토랑 입구에 많은 사람들이 줄을 서서 기다리고 있는데 무작정 기다리지 말고 안으로 들어가 종업원에게 예약을 해야 한다. 라 플로르 데 로또는 쎈뜨로 아바나 깊숙이 위치해 있고 걸어가기에는 먼 거리이므로 자전거 택시를 이용하자. 까삐톨리오에서 1CUC 정도면 충분하다.

✚ 라 플로르 데 로또 이용 안내

▶이용 시간: 12:00~24:00 ▶가격: 음료 및 팁까지 7CUC~ ▶주소: Salud #313 e/ Gervasio y Escobar, Centro habana ▶전화번호: (+53)7 8608501

CHOP SUEY DE CERDO(춉 수위 데 쎄르도)
야채가 들어간 돼지고기 요리

FRITO DE CAMARON(프리또 데 까마론)
새우튀김

ARROZ CON CAMARON(아로스 꼰 까마론)
새우 볶음밥

CREMA DE AUESO(끄레마 데 께소)
치즈가 들어간 스프

한참을 기다려 레스토랑 안으로 들어가니 홀이 만석이다. 사람이 어찌나 많은지 흡사 파티장에 온 것같이 시끌벅적하다. 자리에 앉아 음식을 주문했다. 한 가지 음식을 시켜도 두 사람 이상이 먹을 수 있을 정도로 양이 많다. 이곳에서 식사를 하는 사람들 대부분이 남은 음식을 포장해서 가져갈 정도다. 쿠바 현지인들이 많이 찾는 레스토랑이지만 여행객은 드물다. 친절하고 조용한 서비스를 기대하고 가면 실망할 수도 있다. 하지만 쿠바풍의 중국 음식을 마음껏 먹고 싶다면 이 레스토랑을 추천한다.

06

여섯째 날, 아바나 근교 여행 3

독특한 자연경관을 지닌 비냘레스

Cuba

쿠바의 서북쪽에 위치한 비냘레스는 태곳적 자연의 아름다움을 간직한 도시다. 지금까지의 여행이 도심 관광지가 중심이었다면 이번에는 자연 그대로의 모습을 즐길 수 있는 곳이다. 비냘레스는 과일, 건초, 시가, 커피의 경작지로 유명한데, 특히 시가가 전통적인 방법으로 재배되어 전 세계적으로 그 품질의 우수성을 인정받고 있다. 산과 강으로 둘러싸여 도시라는 느낌보다 시골의 한 마을 같은 느낌을 주는 곳 비냘레스. 쿠바를 대표하는 '힐링 도시'라고 할 만하다. 비냘레스가 품고 있는 신비로운 자연을 즐겨보자.

여섯째 날, 일정 한눈에 보기

선사 벽화
∨
비날레스 계곡과 모고테 형제
∨
인디오 동굴

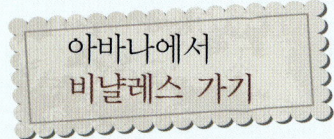

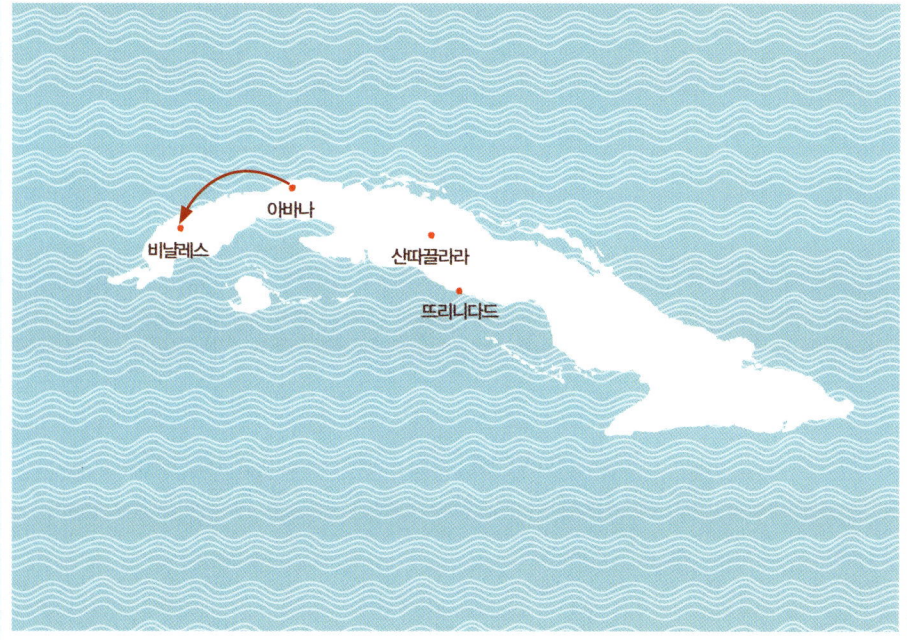

1. 비냘레스로 이동하기

비아술 버스를 이용한다. 약 3시간 30분 정도 소요되며 계절마다 시간이 다르므로 항상 확인해야 한다. 버스표를 예약하지 않았다면 출발 3시간 전에 도착해서 구매하면 된다.

출발 시간: 09:00, 14:00

버스 요금: 12CUC~

① 베다도 비아술 터미널에 도착한다.

② 표를 예매하지 않았다면 2층 비아술 사무실로 올라가서 표를 구매한다.

③ 1층으로 내려와 오른편 짐 맡기는 장소에서 짐을 맡기고 짐 교환표를 받는다.

④ 짐 교환표를 받은 후 출발 시간이 되면 B게이트로 이동해서 버스를 탄다.

Tip.
만약 이른 아침부터 움직이느라 아침식사를 하지 못했다면 비아술 터미널 내부로 들어오기 전 오른편에 있는 조그만 까페떼리아(Cafeteria)를 이용하자. 커피는 2CUP, 핫도그는 10CUP 정도다. 허기진 배를 채우기에 충분하다.

2. 비냘레스에 도착해서

① 비냘레스 중심 광장 앞에 도착하면 하차한다.

② 광장 입구에는 까사 호객행위가 빈번하다.

③ 하차한 곳 왼쪽 길 건너에 비아술 사무실이 있다.

> **Tip.**
> 버스에서 내려 미리 예약한 숙소에서 마중 나온 사람과 만나서 숙소로 가면 된다. 예약을 하지 않아도 약 700여 곳의 까사가 운영되고 있으니 걱정하지 않아도 된다. 만약 다음 날 다른 도시로 갈 예정이라면 길 건너의 비아술 사무실에서 표를 예약할 수 있다.

3. 비냘레스 교통수단

자전거 택시: 광장 주변 관광이나 가까운 거리를 이동할 때 이용한다. 가격은 2CUC부터고 흥정이 필요하다.

일반 택시: 비냘레스 주변 지역 일일투어나 인디오 동굴 쪽으로 이동할 때 이용한다. 비냘레스 일일투어시 25CUC 정도다.

녹색 순환버스: 비냘레스를 방문하는 여행객 대부분이 이 순환버스를 타고 관광한다. 비냘레스를 대표하는 장소들을 순환하기 때문이다. 배차 시간은 약 1시간 간격으로, 한 구간을 관광한 후 다음 버스를 기다리는 데 많은 시간이 소요된다.

> **Tip.**
> 녹색 순환버스는 어떻게 이용할까?
> ▶ 이용 시간: 09:00, 10:10, 11:20, 13:20, 14:30, 15:40, 16:50
> ▶ 비용: 5CUC   ▶ 운행구간: 광장→전망대(Mirador de Hotel las Jasmines)→벽화(Mural de la Prehistoria)→광장→산미겔 동굴(Cueva de San Miguel)→인디아 동굴(Cueva de India)→광장

> **Tip.**
> 순환버스로 관광한 후 자전거나 오토바이를 빌려 버스를 타며 놓쳤던 도시 구석구석을 살펴보자. 2시간 정도면 충분하다. 자전거와 오토바이를 빌리는 곳에 가면 자전거는 시간당 1CUC 정도이고 오토바이는 2시간에 13CUC, 3시간에 16CUC의 가격으로 빌릴 수 있다. 만약 까사에 자전거가 있다면 좀더 저렴한 가격에 이용이 가능하다.
>
>
>
> **자전거와 오토바이, 어디에서 빌릴까?**
> ① 광장을 정면으로 보고 왼쪽으로 내려가면 오른쪽에 인포뚜르가 보인다.
> ② 2블록을 지나면 오른편에 자전거와 오토바이를 빌리는 곳이 나온다.

4. 비냘레스 숙소

비냘레스에서는 대략 700군데의 정부허가 까사가 운영되고 있다. 호텔도 거의 없지만 굳이 호텔을 잡을 필요도 없고 무엇보다 숙박 걱정을 할 필요가 없다. 대부분의 까사가 호텔처럼 좋은 시설과 서비스를 갖추고 있으며, 거의 모든 집들이 까사를 운영해 숙박 장소가 많다.

Jose a Rivera Perez

호세 안토니오 아저씨 집이다. 광장에서 도보 10분 정도 걸린다. 주인집과 따로 독채로 되어 있고, 무엇보다 3층 옥상에 올라가면 비냘레스 계곡이 한눈에 보인다.
주소: Pasaje B #203-A Reparto La Feria, Viñales
이메일: cabanaelruvio@nauta.cu
전화번호: (+53) 796267
가격: 15CUC~

Boris & Cusita

보리스 아저씨 집으로, 뒤에 소개할 까사 돈 또마스(Casa don Tomas) 근처다.
주소: Sergio Dopico, #19-A, Viñales
이메일: kusysa@yahoo.es
전화번호: (+53) 793108
가격: 20CUC~

인류의 진화 과정 유적지,
선사 벽화
Mural de la Prehistoria

비냘레스 계곡을 따라 들어가면 높이 160m, 폭 120m의 벽화가 보인다. 형형색색의 이 벽화는 피델 까스뜨로가 벽화를 남기기로 결정한 뒤 화가이자 과학자였던 레오비힐드 곤살레스(Leovihild Gonzalez)가 인근 주민들과 함께 그렸다. 모고테의 암벽에 페인트를 칠하고 그 위에 덧칠하는 과정을 거쳐 5년 만에 벽화를 완성했다. 벽화를 그리기 전 비나 바람에 부식되는 것을 방지하기 위해 벽면 세정 작업과 배수 작업을 하기도 했다.

벽화에는 암모나이트, 해양 파충류, 공룡 등 인류의 진화 과정이 그려져 있다. 여행자들은 이 진화 과정에 해당하는 12개의 벽화를 볼 수 있다. 2000년대에 대대적인 보수공사를 했지만 여전히 자연에 그대로 노출되어 있기에 보존 상태는 좋지 않다.

✚ 선사 벽화 이용 안내

▶ **이용 시간:** 09:00~19:00　▶ **입장료:** 2CUC

자연 그대로의 모습은 언제나 경탄을 자아낸다. 그것이 흔치않은 볼거리라면 더욱 그렇다. 석회암 지대가 융기해서 만들어진 카르스트 지형의 산에, 심지어 저렇게 큰 석회암 암벽 위에 그림을 그렸다는 것이 매우 신기하고 놀랍다. 여러 번 덧칠하면서 만들어진 선명한 색이 눈에 선하게 박힌다. 버팔로 등에 앉아서 벽화 주위를 돌고 있는 여행자들의 모습을 보며 잠시 자연의 신비로움에 빠져본다.

선사 벽화
어떻게 가야 할까?

▶ 녹색 순환버스로 가는 방법

① 센뜨로 광장을 정면으로 보고 왼편 버스 정류장에서 순환버스를 탄다.

② 먼저 전망대(Mirador de Hotel Los Jazmines)로 이동해서 비냘레스 계곡의 전경을 구경한다. 전망대는 로스 자스미네스 호텔의 주차장에 있다.

③ 다시 순환버스를 타고 이동해서 비냘레스 계곡을 지난다.

④ 비냘레스 계곡을 지나 야자수로 만든 지붕이 보이면 그 다음 정류장에서 하차한다.

▶ 자전거로 가는 방법

 센뜨로 광장을 정면으로 보고 왼쪽으로 방향을 잡는다. 선사 벽화까지의 거리는 2km 정도다.

 자전거를 타고 2블록을 지나면 오른편으로 'CASA DON TOMAS(까사 돈 또마스)'라고 적힌 레스토랑이 보인다.

포장된 도로를 따라 계속 직진해 마을을 벗어나면 들판이 나온다.

 길을 달리다 보면 오른편에 피델 까스뜨로가 말한 '승리를 위해서는 군대가 필요하다.'라는 문구가 적힌 광고판도 보인다.

 500m 정도를 이동하면 갈림길에서 '오른쪽으로 1km 이동하라.'는 이정표가 나온다.

6 오른쪽으로 직진하면 비날레스 계곡이 나온다.

7 계곡을 지나면 오른편에 모고테 형제를 볼 수 있는 입구가 보인다.

8 간판이 나오면 왼쪽으로 길을 잡는다.

9 200m 정도 이동하면 선사 벽화 입구가 나온다.

선사 벽화
어떻게 돌아보지?

1. 선사 벽화 앞에서 말이나 버팔로를 타고 관광할 수도 있는데 비용은 3CUC이다.

2. 버스에서 내려 정면을 보면 저 멀리 모고테를 깎고 바위 위에 그린 벽화를 볼 수 있다.

3. 벽화 오른편에는 또 다른 모고테가 보인다.

4. 들어오는 입구에도 모고테가 있다.

5. 융화된 모고테 위에 솟은 나무를 보니 강인한 생명력이 느껴진다.

6. 가까이에서 본 모고테의 웅장함은 어디에서도 느껴보지 못했던 것이었다.

비냘레스의 매력적인 얼굴 마담,
비냘레스 계곡과 모고테 형제
Valle de Viñales, Dos Hermanas

비냘레스 계곡은 삐나르 델 리오(Pinar del Rio) 주 오르간(Organ) 산맥 자락에 있다. 계곡과 주변 지역은 1999년 국립공원으로 지정되었고, 12월에는 유네스코에 세계유산으로 등재되면서 쿠바를 여행하는 사람들뿐만 아니라 전 세계적으로 알려졌다. 국가기념물로도 지정되어 정부의 보호를 받으며 관광명소로 거듭나고 있다.

비냘레스 계곡은 쿠바에서 가장 매력적이고 유명한 곳 중 하나다. 장엄한 자연의 아름다움, 인간과 자연의 조화로움이 만들어내는 모습이 장관이다. 계곡에는 인디언 전통 형태의 가옥들도 있고 코끼리 모양의 계곡 모고테(Valle), 황소 모양의 모고테 형제(Dos Hermanas)가 있다. 모고테 주변은 1억 년 전 바닷속에 있던 석회암 지대가 융기해 생성된 카르스트 지형이다.

> Tip.
> 모고테(Mogote)란 침식되지 않는 강한 지반, 즉 석회석과 대리석, 백운석으로 만들어진 특이한 모양의 가파른 언덕을 말한다. 카르스트 지형은 빗물이나 지하수가 암석을 녹여 침식되어 나타나는 지형을 말한다. 주로 석회암 지역에 나타난다. 석회암의 주성분인 탄산칼슘이 이산화탄소를 포함한 빗물과 지하수에 쉽게 녹기 때문이다. 카르스트 지형의 특징은 지하에 하천이 흐르고 있다는 점이다. 이 때문에 대규모의 석회암동굴이 만들어지기도 한다. 우리나라에서는 삼척·영월·단양·문경에서 볼 수 있다.

계곡에 들어서자 보이는 시골 풍경. 농지에서 말과 소가 한가로이 풀을 뜯고 있는 모습을 보니 가슴속에 따뜻함이 퍼져나간다. 아늑함과 포근함까지 느껴진다. 고개를 들어 모고테 지형을 바라보았다. 1억 년 전에 융기했다는 석회암 지대가 어떻게 그 오랜 세월 풍파를 견디며 의젓이 버티고 서 있을까? 서로 마주 보며 형제지간처럼 나란히 융기한 모습에 '일부러 만들기도 힘들 텐데….' 하는 생각과 자연의 신비로움에 저절로 감탄이 쏟아진다. 석회암 지대를 거름 삼아 저렇게 꿋꿋이 버티며 자란 나무들의 강인한 생명력에 잠시 숙연해지기도 한다.

계곡 사이로 노부부가 자전거를 타고 다가온다. 나를 보더니 이내 손을 들어 보이며 인사를 한다. 처음 보는 사람이지만 자연과 함께하는 순간에는 다들 더 여유로워지고 풍요로워지는 듯하다. 나도 손을 들어 그들의 포근함에 답례를 해본다.

모고테 형제
어떻게 가야 할까?

1 녹색 순환버스를 타고 선사 벽화에서 내린다.

2 선사 벽화를 구경한 후 뒤쪽 입구로 나온다.

3 약 150m 앞에 'DOS HERMANAS(도스 에르마나스)'라고 적혀 있는 이정표가 보인다.

4 약 100m 더 직진하면 입구가 보인다.

모고테 형제
어떻게 돌아보지?

1. 모고테 형제를 보러 들어가는 길이 여느 시골의 모습처럼 평화롭다. 곳곳에 한가로이 풀을 뜯어 먹는 동물들의 모습도 보인다.

2. 흡사 얼굴을 마주하는 형제와 같은 모양으로 마주 보고 있는 모고테 형제의 모습이다. 어떻게 융기되어 저렇게 마주 보는 모습이 되었을까? 자연의 신비로움에 감탄만 나온다.

3. 모고테 형제로 들어가는 입구를 안내하는 간판이 보인다. 오랜 시간 그 자리에 서 있었던 듯, 빛바랜 모습이다.

4. 모고테 형제를 한쪽에서만 바라본 모습이다. 가까이 다가갈수록 꿋꿋이 버티며 자라고 있는 나무들의 모습이 보인다.

세월의 깊이가 느껴지는 석회암 동굴,
인디오 동굴
Cueva del Indio

비냘레스에는 빗물이 땅 틈새로 흘러 들어가 형성된 크고 작은 동굴들이 많다. 인디오 동굴도 이렇게 형성된 석회암 동굴로, 1920년 발견 당시 인디오들의 해골과 유물이 있었기에 인디오 동굴이라는 이름이 붙여졌다. 인디오들이 스페인 침략자들의 박해를 피해서 숨어 지내던 곳으로 추정된다.

동굴 안에는 종유석과 석순이 기이한 형태를 만들어내고 있고, 지하에 흐르고 있는 산 빈쎈트(San Vincent) 강도 볼 수 있다. 비냘레스에서 인디오 동굴까지 20분도 채 걸리지 않으니 신비스런 동굴 체험을 하고 싶다면 꼭 한 번 들러보자. 동굴 천장에서 떨어지는 물방울을 머리나 코에 맞으면 큰 행운이 함께한다는 속설이 있으니 인디오 동굴에서 당신의 행운을 꼭 잡기 바란다.

✚ 인디오 동굴 이용 안내

▶ **이용 시간:** 09:00~17:00 ▶ **입장료:** 5CUC

동굴 안은 매우 시원했다. 그러나 무더운 날씨에 흐른 땀이 채 마르기도 전에 울퉁불퉁하게 굴곡진 길을 따라 이동해본다. 천장에 날카로운 날을 가진 종유석들이 곧 떨어질 것처럼 매달려 있었다. 허리를 숙이고 들어가야 하는 곳에서는 '인디언들이 얼마나 작았으면 이렇게 앙증맞은 길을 만들어 놓았을까?'라는 말도 안 되는 생각도 해본다. 그렇게 5분여를 동굴 안으로 들어가니 동굴에 강이 나타났다. 인디언들이 스페인에게 쫓겨 동굴에 숨어들었을 때 이 강이 그들에게는 생명수와 같았으리라. 하늘에서 물방울이 똑똑 바닥에 내려앉을 때마다 커가는 석순의 길이처럼 세월의 깊이를 느끼게 된다.

인디오 동굴
어떻게 가야 할까?

1. 녹색 순환버스를 타고 'Cueva del Indio(꾸에바 델 인디오)', 즉 인디오 동굴에서 하차한다.

2. 내려서 오른쪽 정원 길을 따라 들어간다.

3. 식당 건물을 따라 직진하면 매표소가 나온다. 입장료를 낸 다음 계단을 따라 오른쪽으로 내려간다.

4. 왼편에 사탕수수 즙을 짜서 시음하는 장소가 있다. 사탕수수 즙은 오전 9시부터 오후 4시까지 시음할 수 있다.

5. 계단을 따라 가면 동굴 입구가 나온다.

인디오 동굴
어떻게 돌아보지?

1. 동굴 입구에서 출발해 걸어서 약 300m를 이동한다. 산 빈쎈트 강에 가는 것이다.

2. 끝까지 걸어가 산 빈쎈트 강이 나오면 보트를 탄다. 보트에 타서 동굴을 구경한다.

3. 보트에 함께 타고 있는 가이드가 담뱃잎, 샴페인, 생선, 인디오 얼굴 모양 등의 종유석을 보여주면서 설명한다.

4. 동굴 출구에서 각자 사진 촬영을 할 수 있게 시간을 준다.

5. 출구에서 나와 보트에서 내리면 버팔로 관광을 할 수 있는 곳이 나온다.

6. 버팔로를 타고 싶으면 3CUC을 지불한다.

> Tip.
> 인디오 동굴까지도 자전거로 갈 수 있다. 자전거로 이동한다면 쎈뜨로 광장을 보고 오른편(선사 벽화 반대편)으로 난 포장도로를 따라 약 10km 이상 이동해야 한다. 시간도 많이 걸리고 체력이 무엇보다 중요하다. 하지만 자전거로 이동한다면 순환버스가 정차하지 않는 담뱃잎 가공공장도 볼 수 있고, 무엇보다 비냘레스 구석구석을 둘러볼 수 있다.

쿠바, 무엇을 먹을까?

비냘레스의 정통 레스토랑,
까사 돈 또마스 (Casa don Tomas)

센뜨로 광장 주변에는 수많은 레스토랑들이 있지만 대부분 간이 형태로 되어 있다. 만약 정식 레스토랑을 찾고 싶다면 비냘레스에서 가장 유명한 레스토랑인 까사 돈 또마스를 찾으면 된다. 까사 돈 또마스는 비냘레스에서 가장 오래된 전통 있는 레스토랑이다. 스페인 건축가 뉴크가 이 건물을 지었으며, 레스토랑을 열기 하루 전날인 1888년 12월 31일 정원과 라운지에서 우아한 파티가 열렸다. 이날 비냘레스의 저명 인사들이 모두 이곳에 모였다고 한다. 거의 반세기 이상 전통을 이어온 곳으로 스페인 요리와 지역 요리가 조화롭게 어우러져 있다.

까사 돈 또마스의 대표적인 음식은 종업원의 추천 메뉴 'Delicias de Don Tomas(델리씨아스 데 돈 또마스: 돈 또마스에서 가장 맛있는 음식)'다. 쌀, 새우, 생선, 돼지고기, 소고

기가 혼합된 음식으로 가격은 9.9CUC이다. 메뉴판은 영어와 스페인어로 적혀 있다. 닭을 이용한 요리와 생선과 바닷가재를 이용한 요리도 유명하다.

DELICIAS DE DON TOMAS(델리씨아스 덴 도 또마스)

✚ 까사 돈 또마스 이용 안내

▶ **이용 시간:** 10:00~22:00　▶ **가격:** 1인 10~12CUC　▶ **주소:** Salvador Cisnero #140　▶ **전화번호:** (+53)7796300

무엇을 먹을지 고민을 하고 있으니 종업원이 이 레스토랑의 특별 메뉴를 추천해준다. 그냥 보기에는 여러 가지가 섞여 나오는 것 같아 '대체 무슨 맛일까?' '맛은 있을까?' 싶었지만 추천하는 데는 역시 그만한 이유가 있었다. 느끼하지도 않고 깔끔하고 정갈한 맛이었다. 야외에 마련된 테이블에서 모고테를 바라보며 먹는 음식은 마음의 풍족함까지 더해주었다. 친절한 직원들 또한 한층 더 음식을 맛있게 했다.

까사 돈 또마스
어떻게 가야 할까?

 쎈뜨로 광장의 호세 마르띠 동상을 보면서 왼쪽으로 길을 잡는다.

 오른쪽으로 'INFOTUR(인포뚜르)'를 지나친다.

 두 번째 블록을 지나면 바로 오른편에 까사 돈 또마스가 보인다.

Tip 1.

마땅한 레스토랑을 찾기 어렵다면 까사에서 쿠바식 요리를 즐길 수도 있다. 대부분 까사에서 아침이나 저녁 식사만 하는 경우가 많은데 점심식사까지도 주문이 가능한 곳이 많다. 메뉴는 정해져 있지 않으니 취향에 맞는 음식을 주문하면 된다.

랍스타 찜
쿠바에서의 강행군으로 결국 몸져누웠다. 하루 종일 아무것도 먹지 않고 누워 있으니 까사 주인도 걱정이 되는지 "무엇이라도 먹어야 되지 않겠냐?"라고 묻는다. 밖으로 나가기가 힘들었던 나는 그에게 가장 자신 있는 요리를 부탁했다. 1시간 정도 지나 식당에 음식이 차려졌다. 여느 레스토랑 못지않게 잘 차려진 정성 어린 음식이었다. 간장으로 졸인 랍스타 찜은 입맛을 돋우는 데 그만이었다.

돼지고기 요리
비날레스에서 인심 좋은 까사 주인을 만났다. 계속해서 식사를 권하기에 뿌리치지 못하고 같이 점심을 먹었는데 전통 쿠바식이었다. 볶은 돼지고기와 항상 빠지지 않는 유까, 쌀밥 위에 오른 검은콩. 그러나 무엇보다 좋았던 것은 그 따뜻한 마음이었다. 여행에 지친 몸과 마음이 그에게 받은 한 끼 식사로 치유되는 느낌이었다.

Tip 2.

비날레스는 다른 도시에 비해서 길거리 음식이 많지 않다. 간단하게 먹을 수 있는 길거리 음식 몇 군데를 소개한다.

센뜨로 광장 왼편으로 4블록을 지나 가장 구석진 가정집에서 파는 햄과 계란이 들어간 빵(10CUP)과 우바야 주스 (2CUP).

센뜨로 광장에서 왼편으로 난 길을 따라 첫 번째 블록을 지나면 나오는 아이스크림 가게 맞은편의 햄버거 가게. 항상 관광객들로 붐빈다.

센뜨로 광장에서 왼편으로 첫 번째 블록 지나자마자 있는 아이스크림 가게. 최소 10여 분은 기다려야 먹을 수 있다. 아이스크림은 3CUP이다.

07

마지막 날,
굿바이 쿠바!

C u b a

오늘은 쿠바에서의 마지막 날이다. 아쉽겠지만 마지막까지 쿠바를 흠뻑 느껴보자. 이렇게 시간이 멈춘 듯한 멋이 곳곳에 묻어나는 낭만적인 나라를 언제 또 만날 수 있겠는가! 마지막 날이니만큼 쿠바에 나를 그대로 맡기고 편안히 다녀보는 것은 어떨까? 지인들을 위한 갖가지 선물도 사고 유명한 쿠바 커피도 마시면서 온전히 그들 속으로 자신을 던져보자.

마지막 날, 일정 한눈에 보기

민속 공예품 시장
v
아멜 거리

마지막 날 일정지도

라 소라 이 엘 꾸에르보

아바나 리브레 호텔

꼬뺄리아

아멜 거리

비냘레스에서 아바나 가기

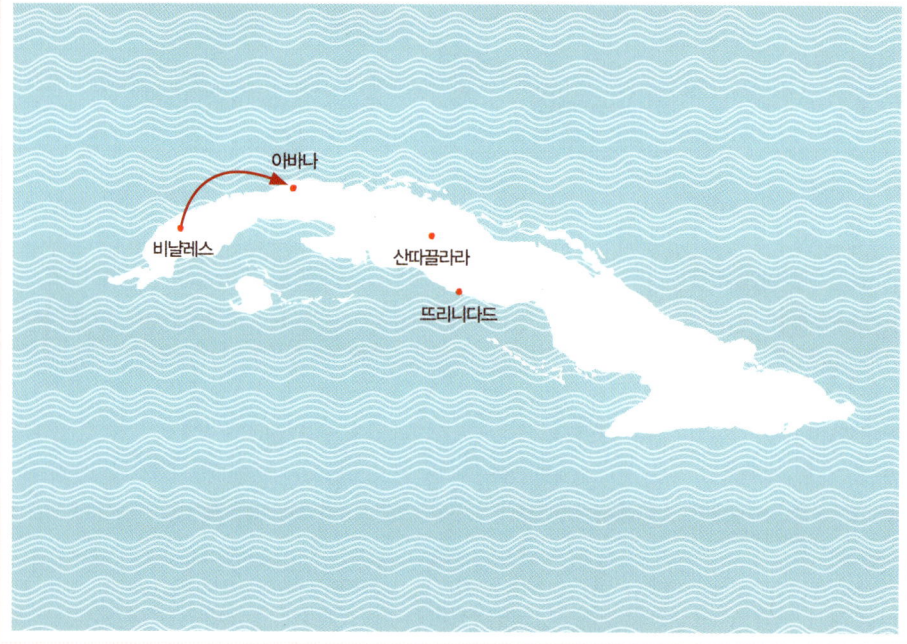

1. 아바나로 이동하기

비아술 버스를 이용한다. 비냘레스 비아술 터미널은 대부분 도보로 이동 가능하다. 아바나까지 약 3시간 30분 정도 소요되며 계절마다 시간이 다르므로 항상 확인해봐야 한다. 사전에 버스표를 예약했다면 출발 30분 전 사무실에 와서 예약증을 좌석이 적혀 있는 버스표로 바꾸어야 하며, 예약하지 않았다면 최소 2시간 전에 와서 직접 표를 사야 한다.

출발 시간: 7:30, 14:00
버스 요금: 12CUC~

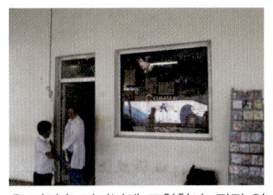  

① 비아술 터미널에 도착한다. 광장 앞 길 건너에 비아술 사무실이 있다.
② 본인의 짐은 버스 출발 전 직접 짐 칸에 싣고 짐 교환표를 받는다.
③ 짐 교환표를 받은 후 출발 시간이 되면 버스를 탄다.

> **Tip.**
> 비아술 터미널에 도착하면 그 앞에 삼삼오오 모여서 이동하는 택시가 있다. 흥정만 잘하면 시간에 상관없이 비아술 버스 가격으로 아바나까지 이동할 수 있다. 단, 택시가 만석이 될 때까지 기다려야 한다.

2. 아바나에 도착해서

① 터미널에 내려서 기사에게 짐 교환표를 주고 본인의 짐을 찾아 나간다.
② 택시를 타고 숙박 장소로 이동한다 (베다도 5CUC, 센뜨로 아바나 7~8CUC).

간단한 선물을 고르기 좋은 곳,
민속 공예품 시장

쿠바에서 가볼 만한 공예품 시장은 두 곳이 있다. 만약 베다도 지역에 숙소를 정했다면 아바나 리브레 호텔 근처의 시장을, 쎈뜨로 아바나에 숙소를 정했다면 오비스뽀 거리의 전통 시장을 가보자. 전통시장에서는 봉고와 마라카스 같은 쿠바의 전통 악기, 나무를 자르고 붙여서 만든 나무 장난감, 체 게바라 얼굴이 찍혀 있는 각종 옷가지와 모자, 멋들어지게 그려진 유채화, 각종 장식용 조형물, 쿠바에서 곳곳에서 볼 수 있는 자동차 번호판 모양의 장식품과 다양한 가죽 종류의 가방들, 쿠바 민속의상을 입힌 봉제 인형까지 세밀하고 아기자기한 물건들을 볼 수 있다.

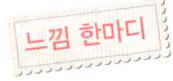

공예 시장에 들어서자 여기저기에서 손님을 끌려는 소리로 소란스럽다. 어느 나라에 가든 관광객을 상대로 하는 기념품은 가격이 만만치 않다. 조그맣게 열리는 이 시장에서도 쿠바의 물가에 비해 꽤 비싼 가격이 매겨져 있었다. 비싸다고 조금만 가격을 깎아달라고 흥정을 하자, 이내 그들 특유의 상술이 나온다. 이 나무 장난감은 공장에서 만든 게 아니라 집에서 직접 손으로 자르고, 사포질하고, 왁스칠해서 만든 것이기 때문에 인건비를 감안한다면 그렇게 비싼 게 아니라는 설명이다. 아무리 그래도 선뜻 사기에는 부담스런 가격이었다. 하지만 물건을 사고, 사지 않고를 떠나서 어디에 가서 이렇게 다양한 물건들이 한꺼번에 갖추어진 시장을 볼 수 있겠는가? 관광객들은 가격을 깎기를 원하고 그들은 하나라도 더 비싸게 팔고 싶어하고, 공산국가인 쿠바도 여느 다른 나라들처럼 사람 사는 냄새가 흠뻑 나는 그런 나라였다. 나는 아들이 좋아할 만한 나무 장난감 하나를 에누리 없이 흔쾌히 하나 샀다. 그동안 쿠바에서 받은 마음의 풍요로움을 생각한다면 이 정도는 쿠바를 위해 쓰고 가도 아깝게 느껴지지 않는다. 내일이면 이제 쿠바를 떠난다. 오늘 하루 그들과 더 가깝게 사람 사는 냄새를 맡아보리라.

베다도 지역 공예품 시장
어떻게 가야 할까?

 아바나 리브레 호텔을 정면으로 보고 왼쪽으로 길을 잡는다.

 100m 직진해 아바나 리브레 호텔을 오른쪽으로 두고 길을 따라 내려가면 'POLINESIO(폴리네시오)'라고 적힌 나무 간판이 보인다.

나무 간판을 지나 직진하면 첫 번째 블록에 횡단보도가 나온다.

 횡단보도를 건너 오른편을 보면 전통 공예품을 파는 상설시장이 보인다.

베다도 지역 공예품 시장
어떻게 돌아보지?

1. 손으로 직접 만든 나무 공예품 판매대가 있다. 직접 깎은 것들이라 더욱 의미 있을 것 같다.

2. 제일 안쪽에는 유화 그림 판매대도 있다. 강렬한 색감의 그림들을 볼 수 있다.

3. 어디서나 볼 수 있는 별 박힌 베레모도 진열되어 있다. 이 베레모만 있으면 어디에서든지 체 게바라가 될 수 있을 것 같다.

4. 쿠바 국기로 만든 모양의 옷도 보인다. 기념 삼아 사서 벽에 걸어두는 것은 어떨까?

5. 쿠바 전통 타악기도 구매가 가능하다. 돌아가서도 쿠바 음악을 즐길 수 있을 것이다.

오비스뽀 거리 공예품 시장
어떻게 가야 할까?

1. 오비스뽀 거리에 들어서기 전 오른쪽에 헤밍웨이가 자주 들러 유명해진 바 라 플로리디따를 볼 수 있다.

2. 직진하다 보면 두 번째 블록 중간 지점에 'JOSE MARTI(호세 마르띠)'라고 적혀 있는 초등학교가 있다.

3. 화려한 쿠바 전통음악이 연주되는 레스토랑도 보인다.

4. 세 번째 블록 중간 지점에 쿠바 전통 공예품을 살 수 있는 시장이 있다.

오비스뽀 거리 공예품 시장
어떻게 돌아보지?

1. 쿠바 전통 공예품을 사기 위한 관광객들로 항상 북적거린다. 그냥 물건을 사지 않더라도 구경하는 것만으로도 쿠바의 정취를 마음껏 담아 갈 수 있다.

2. 직접 손으로 만든 가죽 제품을 살 수도 있다.

3. 공예품 시장임을 알려주는 입구 간판이다.

4. 어디에서나 볼 수 있는 체 게바라가 그려져 있는 물건들이다. 베레모에 새겨져 있는 별이 더욱 더 빛나 보인다.

5. 자동차 번호판을 장식품으로 만든 것이다. 자동차 번호판에까지 체 게바라가 그려져 있어 그에 대한 애정을 알 수 있다.

6. 시장마다 볼 수 있는 유채화다. 쿠바인들의 예술가 기질은 범상치 않다. 바에서 춤을 출 때와 달리 이렇게 그림을 보면 화가 같기도 하다.

예술혼 가득한 쿠바 속의 아프리카,
아멜 거리
Callejon de Hamel

아바나에서 아프리카 문화의 상징이 된 아멜 거리! 벽화와 거리의 조형물은 1990년에 화가인 살바도르 곤살레스(Salvador Gonzalez)가 완성했다. 거리 전체에서 아프리카 분위기가 느껴진다. 강렬한 색채의 벽화와 조형물, 그리고 아프리카 특유의 토속신을 모신 신당까지 어우러져 있다. 쿠바를 비롯한 중남미 나라들의 문화적 뿌리는 결국 아프리카였음을 증명하고 있다. 일요일 정오에는 아프리카 전통음악과 룸바 음악에 맞춘 춤이 어우러진 공연도 펼쳐진다.

사회주의 국가에서 유일하게 표현의 자유가 허락된 곳, 마을 전체가 예술 작품으로 도배되어 있는 아멜 거리를 둘러보자.

아멜 거리 입구에 들어서자 신나는 룸바 음악이 내 귀를 자극한다. 안으로 들어서니 쿠바 시가 공장을 방문한 것처럼 매캐한 시가향이 코끝을 타고 전해온다. 하얀 옷을 입은 쿠바인들이 연신 나에게 친절을 베푼다. 좁은 거리는 사람들로 인산인해를 이루고 있었다. 공연이 펼쳐지는 일요일 오후에 이곳을 찾다보니 사람들과의 부대낌으로 정신이 없다. 무대에서 전해오는 음악에 나도 머리를 흔들고 발도 좌우로 굴려보며 기분 좋은 자유를 만끽한다. 작지만 큰 쿠바의 뿌리를 찾아 온 듯하다. 스페인 식민지 시절 어쩔 수 없는 흑인 노동력 유입으로 자연스럽게 쿠바로 들어온 아프리카 문화가 그 긴 뿌리를 포기하지 않고 쿠바의 중심 아바나에 조심스럽게 정착을 하고 있었다.

아멜 거리
어떻게 가야 할까?

1 아바나 리브레 호텔을 정면으로 보며 오른쪽으로 길을 잡는다.

2 꼴로니아 호텔을 지나 오른편에 아바나 대학교 정문이 나올 때까지 걸어간다.

3 오른편에 아바나 대학교 정문이 보이면 왼쪽으로 방향을 잡고 아바나 항구 쪽으로 걸어간다.

4 내리막길을 따라 정확히 4블록을 지난다.

5 4블록을 지나자마자 오른쪽을 보면 아멜 거리가 시작된다.

아멜 거리
어떻게 돌아보지?

1. 벽마다 그려진 강렬한 색채로 그림이 그려져 있다. 난잡한 것 같으면서도 나름대로의 질서가 있는 듯해 흥미롭다. 그리 큰 규모는 아니지만 흡사 아프리카에 온 듯한 기분이 든다.

2. 벽면에 조형물도 달려 있다. 욕조를 이용해 만든 조형물 속에 식물이 자라는 형태를 만들어낸 의도는 무엇일까? 그 독특함과 함께 거리 전체에 퍼져 있는 진한 시가향에 '이것이 아프리카의 향인가?' 싶어 감상에 젖어본다.

세계 최고급 쿠바 커피 한 잔,
까페 엘 에스꼬리알(Cafè el Escorial)

카페 엘 에스꼬리알의 건물은 스페인 식민지 시절 바로크 양식으로 지어진 저택으로 18세기 로얄 선언 후작의 집이었다. 1913년 스페인 마드리드의 조그만 마을 '엘 에스꼬리알'의 지명에서 이름을 가져와 카페를 열었고 그 후 지금까지 100년의 역사를 유지하고 있다.

엘 에스꼬리알에서는 갓 볶은 콩으로 내린 커피를 음미할 수 있다. 건물 안쪽으로 들어가면 연신 기계로 볶아 나오는 커피콩을 볼 수 있으며 그 때문에 내부는 진한 커피향으로 가득 차 있다. 커피 말고도 아이스크림이나 피자 등 간단한 간식을 즐길 수 있고, 위스키가 들어간 커피 '에스꼬리알(Escorial)'부터 다이끼리가 들어간 커피까지 다양한 종류의 커피를 즐길 수 있다. 가격도 저렴해 항상 많은 관광객들로 문전

성시를 이룬다. 쿠바인들이 가장 즐겨 마시는 에스프레소의 가격은 0.75CUC, 부드러운 맛이 일품인 카푸치노는 1.5CUC, 무난한 커피 맛을 즐길 수 있는 아메리카노는 1CUC 정도다. 쿠바 여행의 마지막 오후를 세계 최고급 커피 중 하나인 쿠바 커피를 마시며 즐겨보자.

✚ 까페 엘 에스꼬리알 이용 안내

▶ **이용 시간:** 09:00~22:00 ▶ **가격:** 1CUC~ ▶ **주소:** Mercaderes #317 corner to Muralla, Plaza Vieja ▶ **전화번호:** (+53)7 8683545

쿠바인들은 대부분 커피를 즐겨 마신다. 길을 걷다 보면 이른 아침이라도 소주잔 정도로 작은 잔에 파는 커피를 마실 수 있다. 우리나라 돈 100원(1CUP) 정도다. 더운 나라라 시원한 아이스커피를 마실 것 같지만 오히려 따뜻한 커피를 즐긴다.

이렇게 쿠바 곳곳에 커피향이 넘쳐나는 것은 아마도 스페인 식민지 이후 번성했던 커피 산업 때문일 것이다. 카페 엘 에스꼬리알에 가니 그 유명세에 맞게 이미 사람들로 꽉 차 앉을 자리가 없었다. 강렬한 햇빛조차 피할 수 없어 야속함까지 느껴졌지만, 많은 여행자들은 삼삼오오 계속해서 엘 에스꼬리알을 찾고 있었다. 다들 한 잔의 커피로 나른한 오후를 달래고 싶어하는 듯하다. 뜨겁고 자극적이지만 달콤한 커피 한 잔으로 쿠바의 아쉬운 마지막 일정을 정리해본다.

까페 엘 에스꼬리알
어떻게 가야 할까?

1. 아르마스 광장 세스뻬데쓰 동상을 정면으로 보고 왼쪽 방향 출구로 나간다.

2. 약 30m 앞 오른쪽으로 나 있는 골목을 따라 이동한다.

3. 약 50m를 걸어 오른쪽을 보면 'MONTE DE PEDAD(몬떼 데 뻬다드)'라고 적혀 있는 건물이 보인다.

4. 계속 직진하면 오른쪽에 'RESTAURATE LA PAELLA(레스따우란떼 라 빠에야)'라고 적혀 있는 건물이 보인다.

5. 두 번째 블록을 지나면 저 멀리 산 프란씨스코 광장 성당 건물이 눈에 들어온다.

성당 입구 앞에는 청동으로 만든 동상과 종이 있다.

첫 번째 블록에서 오른쪽으로 이동하면 'CALLE TENIENTE REY(까예 떼니엔떼 레이: 육군 대장의 거리)'라고 적혀 있는 벽면을 볼 수 있다.

왼편 끝까지 가면 'CAMARA OSCURA(까마라 오수꾸라)'라고 적혀 있는 건물을 볼 수 있다.

그 사이로 비에하 광장이 보인다.

 비에하 광장에 들어서서 왼편으로 제일 끝 지점까지 이동하면 '까페 엘 에스꼬리알'이 있다.

Tip 1.
쿠바 커피의 역사는 1748년 스페인 사람 '돈호세 헤럴드'가 하이티의 커피 농원에서 커피를 들여오면서 시작되었다. 이때 가지고 온 커피가 자메이카의 블루 마운틴과 같은 종자인 티피카라는 품종이다. 쿠바는 카리브해의 높은 습도, 비옥한 토양, 적당한 강수량, 심한 일교차로 천혜의 커피 재배 조건을 갖추고 있다. 쿠바는 천혜의 자연조건 아래 크리스탈 마운틴이라는 커피를 생산하고 있다. 이는 자메이카의 블루 마운틴에 대적하는 세계적인 커피 품종이다. 1820년을 기점으로 쿠바의 커피는 설탕보다 더욱 큰 비중을 차지하는 농작물이 되었으며 많은 양을 생산·수출했고, 1890년대에는 2천 개가 넘는 커피공장을 소유하면서 커피 강국이 되었다. 하지만 쿠바혁명 이후 사회주의 정부가 들어서자 케네디 전 대통령은 쿠바에 대한 통상금지 조치를 내렸다. 이에 쿠바 커피는 다른 나라로의 수출이 힘들어졌고 커피 산업은 위축되었다. 쿠바 커피의 특징은 낮은 산도로 인해 빈속에 마셔도 속 쓰림이 적고, 특히 뒷맛이 섬세하고 부드럽다는 것이다. 한 모금 머금었을 때의 풍부한 향과 뒷맛의 깔끔함이 조화를 이룬다. 쿠바의 문화 중심지 아바나에서는 은은한 향을 풍기는 쿠바 커피를 곳곳에서 즐길 수 있다.

특히 쿠바인들은 풍부한 맛과 향을 지닌 에스프레소를 즐겨 마신다. 쿠바 커피 등급은 사이즈와 결점수에 따라 크리스탈 마운틴(CM:Crystal Mountain), 엑스트라 터퀴노 라바도(ETL:Extra Turquino Lavado), 터퀴노 라바도(TL:Turquino Lavado), 알투라 라바도(AL:Altura Lavado)로 나눈다.

Tip 2.

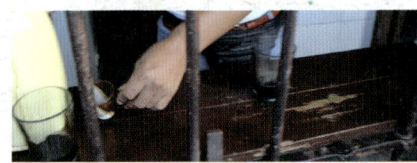 

쿠바인들의 커피 사랑을 직접 눈으로 보고 싶으면 골목길을 누벼보자. 이른 아침 외진 골목을 다니다 보면 간판도 없이 쇠창살 사이로 커피 한 잔을 파는 집들이 드문드문 있다. 작은 컵에 담긴 커피 한 잔의 여유에 빠져보는 것도 좋으리라. 골목에 쿠바인들이 삼삼오오 모여 있다면 대부분 커피 파는 곳이다. 비용은 1CUP 정도다.

Part 3

쿠바,
이것이 더 알고 싶다

가고 싶은 쿠바,
영화 속 그곳

▶ 아이스크림 가게 꼬뻴리아를 알린 영화

〈딸기와 초콜릿Fresa y Chocolate, Strawberry and Chocolate〉

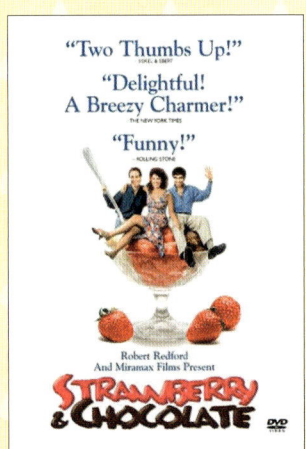

- 개요: 드라마, 코미디
- 감독: 토마스 구티에레즈 알레아
- 출연: 호르헤 페루코리아, 블라디미르 크루즈

〈딸기와 초콜릿〉은 사회적으로 억압되어 있던 쿠바 사회의 동성애 문제를 최초로 다룬 영화다. 1959년 쿠바혁명 후 동성애는 금기시되었으며 정부에서는 반혁명 분자들의 행동으로 보았기에 영화가 개봉되면서 사회적 큰 화제가 되었다. 특히 토마스 구티에레즈 알레아 감독은 쿠바혁명 정부의 대표 주자였으며, 20세기 영화사에서 최고 감독으로 꼽히는 감독 중의 하나였기 때문에 사회적 파장이 대단했다. 하지만 개봉 후 8개월간이나 상영이 되었고 백만 명의 쿠바인들이 이 영화를 관람했다.

이 영화는 쿠바에서 동성애자들에 대한 탄압이 가장 심했던 1979년을 배경으로 한다. 쿠바 정부를 굳게 믿고 현실을 제대로 인식하지 못하는 이상주의자 다비드와 쿠바혁명 정부에 환멸을 느끼고 개인주의 성향이 강한 동성애자 디에고라는 두 남자가 자신들의 정체성을 찾아가는 이야기다.

다비드는 여자 친구에게 실연을 당하고 우연히 찾게 된 '꼬뻴리아' 아이스크림 가게에서 게이인 디에고를 만나게 된다. 디에고는 다비드를 유혹해 집으로 데려가지만, 다비드는 디에고의 집에서 이상한 사진들을 보고 황급히 도망친다. 이후 디에고의 작품들로 전시회가 열리지만 반혁명적이라는 이유로 전시가 금지되고, 디에고는 정부에 항의편지를 보내면서 결국 일자리까지 잃는다. 번민과 갈등으로 나날을 보내던 디에고는 미국으로 떠나는 것 이외에는 방법이 없다고 생각하고, 결국 떠나는 날 다비드와 만나 힘껏 포옹을 하는 것으로 영화는 결말을 맺는다.

▶ 부에나 비스타 소셜 클럽을 알린 영화

〈부에나 비스타 소셜 클럽 Buena Vista Social Club〉

- 장르: 다큐멘터리
- 감독: 빔 벤데스
- 출연: 꼼빠이 세군도, 이브라힘 페레르, 루벤 곤잘레스, 엘리아레스 오초아, 오마라 뽀르뚜온도 외

쿠바 음악에 심취한 기타리스트 라이 쿠더(Ry Cooder)는 쿠바 음악계의 거장들을 모아 '부에나 비스타 소셜 클럽'이라는 밴드를 결성한다. 이들은 단 6일 만에 녹음 작업을 완료하고 1996년 앨범을 발매한다. 그리고 앨범 발매 2년이 지난 후 라이 쿠더의 권유로 그의 절친한 친구 빔 벤데스 감독은 뮤직 다큐멘터리를 제작한다. 바로

너무나도 유명한 영화 〈부에나 비스타 소셜 클럽〉이다.

부서지는 파도와 함께 90살이 넘은 꼼빼이 세군도의 곡 〈찬찬(Chan Chan)〉은 영화의 첫 장면과 끝 장면을 가득 채운다. 영화는 쿠바 음악계 거장들의 음악에 대한 열정을 보여준다. 한 편의 뮤지컬을 보는 듯한 착각이 들 정도로 100% 디지털 작업으로 이루어졌으며, 거장들의 진솔한 증언과 함께 마치 콘서트 현장에 와 있는 듯 생생한 감동을 준다. 영화에는 1998년 암스테르담의 공연과 뉴욕 카네기 홀의 공연까지 담았다. 미국에서만 8개월이 넘게 장기 상영되었고 세계의 30여 개국에서 개봉되었다. 이 영화가 상영되고 난 후 다행스러운 것은 제2, 제3의 부에나 비스타 소셜 클럽이 나와 쿠바 음악의 맥을 이어가고 있다는 것이다. 영화 〈부에나 비스타 소셜 클럽〉은 쿠바의 음악과 삶, 그리고 감동을 전해준다.

▶ 까삐똘리오를 배경으로 한 영화

〈아바나 블루스 Habana Blues〉

- 장르: 드라마
- 감독: 베니토 잠브라노
- 출연: 알베르토 요엘, 로베르토 산마르틴 외

쿠바의 열정적인 음악을 들을 수 있는 영화다. 음악을 하지 않고는 살 수 없는 영화의 주인공 루이와 티토는 막역한 친구 사이이자 무명의 뮤지션들이다. 루이는 자식과 아내와 같이 살지만 가난해 배고픈 나날들을 보내고 있었고, 티토는 할머니의 그

늘 아래에서 그나마 겨우 먹고사는 정도였다. 무너지기 직전의 허름한 극장을 빌려 첫 콘서트를 기획하던 어느 날, 두 사람은 실력 있는 신인을 찾으러 온 스페인의 유능한 음반제작자를 만난다. 그들은 스페인으로 스카우트 제의를 받게 되고, 쿠바를 떠나 음악적 꿈을 펼칠 수 있다는 설렘으로 음반을 준비한다. 그러나 자신들이 한 계약이 노예계약과 다름없고, 자신들의 음악이 쿠바의 상황을 조롱하고 비난하는 데 쓰일 것임을 알게 되면서 고민에 빠진다. 루이는 계약을 없던 것으로 하기로 하고, 티토는 인생에 다시 오지 않을 절호의 기회라며 갈등한다.
결국 그들은 각자의 길을 가기로 하고 마지막 콘서트를 연다. 마지막 콘서트가 끝난 뒤, 루이의 부인과 자식은 미국으로 떠나고 티토는 스페인으로 떠나 쿠바에는 루이 혼자만 남지만 음악에 대한 열정만큼은 잃어버리지 않고 간직한다는 내용이다.
루이와 티토 역의 두 배우는 오디션을 통해서 선발된 신인 배우로 영화 속 모든 장르의 음악들을 직접 연주하는 저력을 발휘했다. 오디션 후 단 두 달 만에 악기를 다루고 음악을 연주할 수 있었다니 이 두 배우야말로 진정한 뮤지션이 아니었을까? 한국에서는 2006년 전주 국제영화제, 제천 국제음악영화제에서 상영되어 호평을 받은 작품이다.

아바나 최고의 재즈클럽,
라 소라 이 엘 꾸에르보
La Zorra y el Cuervo

위대한 재즈 피아니스트 추초 발데스와 재즈기타리스트 조지 벤슨이 공연했던 아바나 최고의 재즈클럽이 바로 라 소라 이 엘 꾸에르보다. 색소폰, 드럼, 베이스, 피아노로 구성된 밴드 공연이 주로 펼쳐지며 아바나에서 라틴 재즈의 진수를 느낄 수 있다. 지하 공연장이지만 밤늦은 공연으로 실내가 추우니 겉옷을 준비하는 편이 좋다. 또한 마실 칵테일은 있어도 배를 채울 먹을거리는 없다. 오랜 시간 공연을 보기 위해서는 저녁식사로 배를 든든히 채우고 가야 마음껏 공연을 즐길 수 있다.

✚ 라 소라 이 엘 꾸에르보 이용 안내

▶**입장 가능 시간:** 21:00~ ▶**공연 시간:** 22:00~다음 날 02:00 ▶**입장료:** 10CUC(칵테일 2진 포함) ▶**주소:** 155 Calle 23 e/ n y o Vedado, Habana ▶**전화번호:** (+53)7 662402

라 소라 이 엘 꾸에르보

어떻게 가야 할까?

 아바나 리브레 호텔에서 도보로 이동 가능하다. 아바나 리브레 호텔을 정면으로 바라보고 왼쪽으로 길을 잡는다.

 100m 직진한 다음 다시 아바나 리브레 호텔을 오른쪽으로 두고 길을 따라 내려가면 'POLINESIO(뽈리네시오)'라고 적힌 나무 간판이 보인다.

 나무 간판을 지나 직진하면 첫 번째 블록에 횡단보도가 나온다. 이 횡단보도를 건너면 오른편에 상설시장이 있다.

 계속 직진해 두 번째 횡단보도를 지난다.

 두 번째 횡단보도를 건너 약 100m를 직진하면 오른편에 전화박스 모양의 클럽 입구를 볼 수 있다.

부에나 비스타 소셜 클럽의 공연장,
1930살롱
Salon 1930

본래 '부에나 비스타 소셜 클럽'은 1930~1940년대 아바나의 멤버스 클럽으로 쿠바 전통음악이 전성기를 누리면서 연주, 춤, 음악 활동의 중심지가 되었다. 그러나 그 전성기도 잠시, 1959년 쿠바혁명이 일어나고 사회주의 이념 음악인 포크송이 주류를 이루면서 쿠바 전통음악은 자연스럽게 뒤로 밀려났다. 부에나 비스타 소셜 클럽과 함께 전성기를 누렸던 음악의 도시 아바나도 자연스레 쇠퇴했고, 클럽도 하나둘 문을 닫았다. 클럽과 함께 생계를 유지했던 음악가들도 뿔뿔이 흩어져 그들의 음악도 세상 속에서 잊히는 듯했다.

그러나 1995년 쿠바 음악에 매료된 미국의 기타리스트이자 레코딩 프로듀서인 라이 쿠더(Ry Cooder)와 쿠바 음악가 후안 마르꼬스 곤잘레스(Juan de Marcos

Gonzalez)가 쿠바 음악의 거장들을 찾아 그룹을 결성하면서 새로운 전기를 맞이한다. 그룹의 구성원 중 엘리아데스 오초아를 제외하고는 전부 70대 이상의 노인들이었다.

이 천재 음악가들은 결성된 지 단 6일 만에 멋진 하모니와 즉흥 연주로 녹음을 완료했고, 이렇게 만들어진 음반은 전 세계적으로 600만 장 이상 판매되었다. 그룹명 '부에나 비스타 소셜 클럽'은 옛 클럽의 이름을 그대로 따서 붙인 것이며, 1998년 암스테르담 공연과 카네기 홀에서의 공연으로 전 세계인에게 쿠바 음악을 알리고 아바나의 음악적 정신을 나타내는 이름이 되었다.

부에나 비스타 소셜 클럽은 '환영받는 사교 클럽'이라는 의미로, 지금까지도 아바나에서는 제2, 제3의 부에나 비스타 소셜 클럽 공연이 열리고 있다. 꼼빠이 세군도가 생존 당시 멤버들과 함께 가장 많이 공연했던 장소인 1930살롱에서 그 공연들을 볼 수 있다.

✚ 1930살롱 이용 안내

▶**공연 시간**: 화 · 토(계절에 따라 변동되므로 확인할 것) 21:30～   ▶**입장료**: 25CUC(칵테일 포함), 50CUC(저녁식사 포함: 성수기에는 예약 필수)   ▶**주소**: Hotel Nacional Salon 1930   ▶**전화번호**: (+53)7 8363663

Tip.

부에나 비스타 소셜 클럽 구성멤버

(사진 왼쪽부터) 엘리아데스 오초아(기타, 1946~), 꼼빠이 세군도(기타 · 보컬, 1907~2003), 이브라힘 페레르(보컬, 1927~2005), 오마라 뽀르뚜온도(보컬, 1930~), 루벤 곤잘레스(피아노, 1919~2003)

1930살롱
어떻게 가야 할까?

1. 앞서 설명한 재즈클럽 라 소라 이 엘 꾸에르보에서 출발한다. 전화박스 모양 입구에서 왼쪽으로 도로를 건넌다.

2. 길을 건너 약 150m를 직진하면 오른편에 나씨오날 호텔이 나온다.

3. 호텔 로비를 지나 정원까지 이동한다.

4. 정원 오른편에 '1930'이라고 적혀 있는 살롱을 볼 수 있다.

Tip.

쿠바는 흥이 넘치는 나라다. 레스토랑과 바에만 가도 라이브 음악을 연주하는 사람들이 있고, 길거리에도 흔히 볼 수 있다. 여행에 가기 전 알고 가면 좋은 쿠바음악을 소개한다. 어디를 가더라도 이 음악을 안다면 쿠바인들과 어울려 즐길 수 있을 것이다.

1. 엘리아데스 오초아(Eliades Ochoa)의 〈엘 까레떼로(El Carretero)〉
엘리아데스 오초아의 부모는 모두 기타를 치는 음악가다. 부모의 영향 아래 오초아는 일찍부터 기타를 접하게 되었고 12살부터 기타 연주로 생활비를 벌며 자랐다. 이 노래는 오초아 자신의 어릴 때 모습을 추억하며 만든 것이다.

2. 꼼빠이 세군도(Compay Segundo)의 〈찬찬(Chan Chan)〉
시골 청년 찬찬과 그의 애인 후안니까의 사랑 이야기를 다룬 쿠바 전통 민요의 내용을 현대적으로 해석했다. 사랑하는 연인을 만나러 가는 찬찬의 들뜬 마음을 담은 노래로, 쿠바 재즈의 거장 꼼빠이 세군도가 90세가 넘은 나이에 지은 곡으로 유명하다.

3. 이브라힘 페레르(Ibrahim Ferrer)의 〈도스 가르데니아스(Dos Gardenias)〉
12살 나이에 부모를 잃고 고아가 된 페레르는 먹고살기 위해 거리로 나서 구두를 닦으며 생계를 유지했다. 그런 고단한 삶에 희망을 주고 꿈을 준 것이 재즈 음악이었다. 그래서인지 그의 노래에는 애잔함이 서려 있다. 가슴속 한이 서려 있는 듯한 노래다.

4. 오마라 뽀르뚜온도(Omara Portuondo)의 〈베인떼 아뇨스(Veinte Años)〉
뽀르뚜온도는 어릴 때부터 음악을 사랑하는 어머니의 영향으로 쿠바 음악에 푹 빠져서 생활했다. 부에나 비스타 소셜 클럽의 유일한 여성 보컬이며 생존자다. 클럽에서 같이 노래를 불렀던 멤버들을 그리워하며 애잔한 세월을 보내고 있는 듯하다. 이 노래로 그래미상을 받았다.

5. 호세 마르띠의 〈관따나메라(Guantanamera)〉
가장 아름답고 대중적인 라틴음악중 하나인 관따나메라! 쿠바의 동부 주 이름인 '관따나모의 시골 여인'이라는 뜻이다. 호세 마르띠의 시에 곡을 붙였는데, 쿠바의 〈아리랑〉이라고 할 수 있을 만큼 자주 불리는 쿠바 제2의 국가다. 서정적인 멜로디와 아름다운 노랫말로 많은 가수들이 불렀으며, 미국인 피트 시거가 부른 것이 가장 유명하다.

이것만은 알고 출발하자,
간단 스페인어!

1. 숫자

0	cero	쎄로	6	seis	쎄이스	12	doce	도쎄
1	uno	우노	7	siete	씨에떼	13	trece	뜨레쎄
2	dos	도스	8	ocho	오초	20	veinte	베인떼
3	tres	뜨레스	9	nueve	누에베	30	treinta	뜨레인따
4	cuatro	꾸아뜨로	10	diez	디에쓰	40	cuarenta	꾸아렌따
5	cinco	씽꼬	11	once	온쎄	50	cincuenta	씬꾸엔따

2. 시간

| 어제 | ayer | 아예르 | 내일(오전) | mañana | 마냐나 |
| 오늘 | hoy | 오이 | 오후 | tarde | 따르데 |

3 만남에서

안녕!(친한 사이)	¡Hola!	올라
안녕하세요!(아침)	¡Buenos días!	부에노스 디아스
안녕하세요!(오후)	¡Buenas tardes!	부에나스 따르데스
안녕하세요!(저녁)	¡Buenas noches!	부에나스 노체스
어서 오세요!	¡Bienvenidos!	비엔베니도스

안녕히 가세요!	¡Adiós!	아디오스
감사합니다.	Gracias.	그라시아스
죄송합니다.	Lo siento.	로 시엔또
부탁합니다.	Por favor.	뽀르 파보르
실례합니다.	Con Permiso.	꼰 뻬르미소
네/아니오	Si/No	씨/노
좋습니다.	Me gustó.	메 구스또
모릅니다.	No sé.	노 쎄
같습니다.	Igual.	이구알
잘 지내요?	¿Cómo está usted?	꼬모 에스타
괜찮아요, 감사합니다.	Bien, Gracias.	비엔, 그라시아스
어느 나라에서 오셨나요?	¿De dónde eres?	데 돈데 에레스
대한민국에서 왔습니다.	Soy de corea del sur.	쏘이 데 꼬레아 델 수르
좋은 여행 되세요.	¡Buen viaje!	부엔 비아헤

4. 공항에서

공항	aeropuerto	아에로뿌에르또	성	apellido	아뻬이도
비행기	avión	아비온	이름	nombre	놈브레
여권	pasaporte	빠사뽀르떼	왕복	ida y vuelta	이다 이 부엘따
예약	reservación	레쎄르바시온	편도	ida	이다
가방	maleta	말레따	창문(쪽)	ventana	벤따나
짐	equipaje	에끼빠헤	통로(쪽)	pasillo	빠시요
관광	turismo	뚜리스모	입구	entrada	엔뜨라다
휴가	vacación	바카시온	출구	salida	살리다

5. 숙소에서

한국어	스페인어	발음	한국어	스페인어	발음
방	habitación	아비따시온	차가운	fria	프리아
하룻밤	una noche	우나 노체	선풍기	ventilador	벤띨라도르
열쇠	llave	야베	아침식사	desayuno	데사이우노
침대	cama	까마	저녁식사	cena	쎄나
비누	jabón	하본	취소하다	cancelar	깐셀라르
수건	toalla	또아야	열다	abrir	아브릴
뜨거운	caliente	깔리엔떼	닫다	cerrar	세라르
에어컨	aire acondicionado	아이레 아꼰디시오나도			
방 값	tarifa de la habitación	따리파 데 라 아비따시온			
빈방 있습니까?	¿Tiene una habitación?	띠에네 우나 아비따시온			
하룻밤에 얼마입니까?	¿Cuánto cuesta la noche?	꾸안또 꾸에스타 라 노체			
방을 볼 수 있나요?	¿Puedo ver la habitación?	뿌에도 베르 라 아비따시온			
아침식사 포함입니까?	¿Esta incluido el desayuno?	에스타 인클루이도 엘 데사이우노			

6. 여행하며

한국어	스페인어	발음	한국어	스페인어	발음
여행	viaje	비아헤	마지막	último	울띠모
오른쪽	derecha	데레차	터미널	terminal	떼르미날
왼쪽	izquierda	이스끼에르다	택시	taxi	딱시
사진	foto	포또	버스	bus	부스
카메라	cámara	까마라	(탈것에서)내리다	bajan	바한
직진	todo derecho	또도 데레초	지도	mapa	마빠
모퉁이에	en la esquina	엔 라 에스끼나	멀다	lejos	레호스
차례	turno	뚜르노	가깝다	cerca	쎄르까

관광안내소	información turística	인포르마시온 뚜리스띠까
어디까지 가십니까?	¿A dónde va?	아 돈데 바
산따클라라까지 부탁합니다.	Santa clala, por favor.	산따 클라라, 뽀르 파보르
몇 시에 출발합니까?	¿A qué hora sale?	아 꿰 오라 살레
아바나행 표 한 장 부탁합니다.	Un boleto para havana, por favor.	
		운 볼레또 빠라 아바나, 뽀르 파보르
비아술 터미널까지 얼마입니까?	¿Terminal de viazul, cuánto es?	
		떼르미날 데 비아술, 꾸안또 에스
아바나 행 예약을 원합니다.	Quiero reservar para havana.	
		끼에로 레세르바르 빠라 아바나
나의 티켓을 바꾸기를 원합니다.	Quiero cambiar mi boleto.	
		끼에로 깜비아르 미 볼레또

7. 식당에서

식당	restaurante	레스따우란떼	주스	jugo	후고
메뉴판	carta	까르따	와인	vino	비노
계산서	cuenta	꾸엔따	밥	arroz	아로스
팁	propina	쁘로삐나	빵	pan	빤
음료	bebido	베비다	소고기	res	레스
물	agua	아구아	돼지고기	cerdo	세르도
커피	cafe	까페	닭고기	pollo	뽀요
차	té	떼	생선	pescado	뻬스까도
콜라	coca	꼬까	바닷가재	langosta	랑고스타
맥주	cerveza	쎄르베사	새우	camarón	까마론

아이스크림	helado	엘라도		튀김	frito	프리또
얼음	hielo	이엘로		햄버거	hamburguesa	암부르게사
소금	sal	쌀		스프	sopa	소빠
설탕	azúcar	아수까		과일	fruta	프루따
소스	salsa	살싸		튀기다	frito	프리또
매운향신료	picante	삐깐떼		찌다	al vapor	알 바뽀르
맛있어요.	¡Qué rico!				꿰 리꼬	
계산서 주세요.	La Cuenta, Por Favor.				라 꾸엔따 뽀르 파보르	

> **Tip.**
> '~와 함께'라는 말은 con~(꼰~)이고, '~없이'는 sin~(씬~)이다. 예를 들어 얼음과 함께 달라고 할 때는 'con hielo(꼰 이엘로)', 얼음 없이 달라고 할때는 'sin hielo(씬 이엘로)'라고 하면 된다.

8. 가게에서

돈	dinero	디네로		현금	efectivo	에펙띠보
가격	precio	프레시오		선물	regalo	레갈로
카드	tarjeta	따르헤따		공짜	gratis	그라티스
얼마입니까?	¿Cuánto cuesta?				꾸안또 꾸에스타	
너무 비쌉니다.	Es muy caro.				에스 무이 까로	
싸게 주십시오.	Más barato, por favor.				마스 바라또, 뽀르 파보르	
깎아 주십시오.	Descuenta, por favor.				데스꾸엔따, 뽀르 파보르	

9. 기타

남자	hombre	옴브레		빨리	rápido	라피도
여자	mujer	무헤레		중요한	importante	임뽀르딴떼
예쁜	bonita	보니따		쓰레기	basura	바수라
잘생긴	guapo	구아뽀		담배	cigarro	시가로
좋은	bueno	부에노		바람	viento	비엔또
친구	amigo	아미고		비	lluvia	유비아
전화	teléfono	뗄레포노		공원	parque	빠르께
메시지	mensaje	멘사헤		화장실	baño	바뇨
다시	otra vez	오뜨라 베스		병원	hospital	오스삐딸
항상	siempre	씨엠프레		아픈	enfermo	엔페르모
많이	mucho	무쵸		경찰	policia	뽈리씨아
조금	poco	뽀꼬		젊은이	joven	호벤

한국대사관	Embajada de Corea	엠바하다 데 꼬레아
여권 좀 보여주세요.	Su pasaporte, por favor.	수 빠사포르떼 포르 빠보르
저 좀 도와주세요.	Ayuda me.	아유다 메
아픕니다.	Estoy enfermo.	에스또이 엔페르모
이해가 안 됩니다.	No entiendo.	노 엔띠엔도
스페인어를 못합니다.	No hablo español.	노 아블로 에스파뇰

interview
『처음 쿠바에 가는 사람이 가장 알고 싶은 것들』 저자와의 인터뷰

 『처음 쿠바에 가는 사람이 가장 알고 싶은 것들』을 소개해주시고 이 책을 통해 독자들에게 전하고 싶은 메시지는 무엇인지 말씀해주세요.

 책 제목 그대로 '처음 쿠바에 가는 사람이 가장 알고 싶은 것'에 관한 내용을 담은 여행정보서입니다. 쿠바에 관한 모든 정보를 담을 수는 없었지만, 쿠바 여행을 계획하는 사람들이 가장 알고 싶고 가장 필요한 것들로만 간단하게 정리해 6박 7일간의 일정으로 구성했습니다. 주위 분들에게 여쭤보면, 살아가면서 한번쯤은 꼭 여행하고픈 막연한 그리움과 갈망의 나라가 쿠바라고 합니다. 하지만 지구 반대편에 있고, 체세나 언어가 완전히 다르다는 두려움 때문에 쉬이 떠날 결정을 내리지 못하는 나라 역시 쿠바라고 합니다. 그래서 저는 그런 두려움을 설렘으로 바꾸는 데 도움을 주고자 이 책을 만들었습니다. 이 책을 가지고 일정대로만 움직인다면 언어도 음식도 교통도 낯선 쿠바라는 어려운 나라가 오히려 다음 일정이 설레고 기다려지는 여행하고픈 나라가 될 수 있도록 노력했습니다. 물론 여행을 풍요롭게 만들고, 어떤 일정을 짜느냐는 여행자의 몫입니다. 하지만 쿠바 여행을 함에 있어 이 책을 가지고 간다면 보다 친근하게 쿠바를 즐길 수 있을 것이라 확신합니다.

근래 여행지 중에 쿠바의 인기가 높습니다. 쿠바 여행이 인기가 높은 이유는 무엇이라고 생각하십니까?

쿠바는 다른 나라가 가지지 못한 묘한 매력을 듬뿍 가진 나라입니다. 멈춘 듯하면서도 걸어가고 있고, 퇴색되어가는 듯하면서도 그들만의 독특하고 뚜렷한 색깔을 가지고 있습니다. 세상은 너무나 빠르게 움직이고 있습니다. 몇 년 전에 지어진 건물이 얼마 지나지 않아 허물어지고 또 빠르게 새것으로 바뀌고 있습니다. 하지만 제가 본 쿠바는 그렇게 달려가지 않았습니다. 거리를 질주하며 달리는 올드카는 검은 매연을 심하게 뿜어내지만 그 검은 매연이 있기에 올드카의 멋들어짐을 더 잘 느낄 수 있습니다. 거리 곳곳의 건물들은 회칠이 벗겨지고 나무 기둥을 지렛대 삼아 기대어놓았지만 서두르지 않고 그 고유의 멋을 거울 삼아 조금씩 다듬어가고 있었습니다. 특히 낡은 건물에 널려 있는 빨래들은 정겨움마저 전해줍니다.

그런 인간적인 냄새가 나는 곳이 쿠바입니다. 그래서 더 많은 여행자들이 찾지 않나 생각합니다. 어쩌면 그들이 전해주는 멋스러움에, 여행자들이 쿠바를 더 사랑하는지도 모르겠습니다. 그들은 많이 가지진 않았지만 항상 행복해 보입니다. 그리고 쿠바인의 일상엔 항상 그들의 춤 살사가 있었습니다. 그래서 더 쿠바다운 낭만과 멋스러움이 있습니다. 아마도 그런 멋을 담고 싶어 더 많은 여행자들이 쿠바를 찾는 것 같습니다. 아마 이제 더 많은 여행자들이 쿠바를 찾을 겁니다. 그들이 보여주는 빛바랜 파스텔 톤의 쿠바를 느끼기 위해서 말입니다.

쿠바는 어떤 나라이며, 쿠바 여행 전 준비해야 할 것이 있다면 어떤 것이 있을까요?

쿠바는 적도 근처에 있는 1년 내내 더운 나라입니다. 그래서 가장 무더운 여름에 일정을 잡는다면 쿠바의 멋을 제대로 느끼기도 전에 지쳐버릴 수 있습니다. 도저히 일정을 맞출 수 없다면 어쩔 수 없지만 되도록 여름은 피하는 게 좋습니다. 그리고 쿠바인들은 동양인이 간단하게나마 스페인어를 사용하는 것을 신기하게 생각합니다. 떠나기 전 이 책 마지막 부분에 있는 간단한 스페인어 정도만이라도 알고 간다면 훨씬 즐겁고 유익한 여행이 될 것입니다. 마지막으로 현지에 도착해서 그들의 문화에 완전히 빠지기 위해 이 책 마지막 부분에 소개된 쿠바 음악이라도 듣고 간다면 훨씬 더 아름다운 쿠바 여행을 만들 수 있을 것입니다.

 이 책은 쿠바 초보 여행자를 위한 책입니다. 쿠바 여행 초보자들에게 어떤 도움을 줄 수 있을까요?

쿠바로 여행할 때 여행자들이 가장 고민하고 어려워하는 게 무엇인지 생각해보았습니다. 일단 언어가 안 된다고 생각하면 여행에 앞서 두려움이 클 수밖에 없습니다. 또 장시간의 비행을 한 후 공항에 도착을 했지만 교통편을 알 수가 없고 어디로 가야 할지 방향을 잡을 수 없다면 덜컥 쿠바 여행을 후회하게 될지도 모릅니다. 그에 더해 관광지를 찾아가는 방법까지 모른다면 쿠바 여행을 더 후회할 수도 있습니다. 그런 여행자들을 위해 간단한 언어적 도움, 공항에서 이동하는 방법, 관광지를 찾아가는 방법, 음식에 대한 정보, 숙소에 대한 간단한 정보 등 제가 직접 먹어보고 움직여본 동선대로 이 책에 자세하게 그려놓았습니다. 스페인어를 모르거나 낯선 곳에 대한 두려움이 있는 초보 여행자라도 이 책에 나와 있는 동선대로만 따라간다면 아무 문제없이 편안하고 두려움 없는 쿠바 여행이 될 수 있도록 최선을 다했습니다.

 쿠바 여행 일정표를 짤 때 어떻게 하면 최적의 여행 일정을 짤 수 있을까요? 주의할 점은 무엇인가요?

 쿠바는 다른 관광지나 나라들처럼 타 도시를 이동하기 위한 교통편이 그렇게 잘 발달되지 않은 나라입니다. 그래서 일정을 만들기가 그렇게 쉽지는 않습니다. 만약 여행자들이 단지 3일간의 여유만 있다면 아바나만 둘러본다고 해도 충분히 쿠바의 진한 향을 느끼실 수 있습니다. 만약 5일간의 여유가 있다면 산따끌라라를 제외한 일정을 추천해드리며, 10일 정도의 여유가 있다면 이 책의 일정에 더해 가장 남단의 산티아고 데 쿠바까지의 일정을 추천해드립니다. 아바나 이외의 지방 도시를 추천해드리는 이유는 그들만이 가진 순수한 멋에 흠뻑 취할 수 있기 때문입니다.

특히 쿠바 여행자들은 항상 다음 일정에 대한 교통편을 확인해야 합니다. 다른 나라들처럼 교통편이 자주 있는 것이 아니기 때문에 미리 예약을 하지 않는다면 헛되이 하루를 더 머물러야 하는 경우도 있습니다. 이 책에는 다른 도시로 이동하기 위한 교통편 예약방법이나 이동할 수 있는 다양한 교통편을 소개해놓았습니다. 다음 일정에 대해 항상 확인만 한다면 아무 문제없는 쿠바 여행을 만들 수 있을 겁니다.

 쿠바에는 인상적인 곳이 많다고 하셨습니다. 쿠바에 가면 꼭 들려봐야 할 곳은 어디인가요? 몇 군데 추천 부탁드립니다.

 쿠바는 헤밍웨이와 체 게바라가 관광산업의 절반 이상을 책임지고 있습니다. 그래서 이 책의 일정 중 아바나 일정과 다섯째 날 헤밍웨이 일

301

정은 꼭 둘러보아야 할 코스입니다. 특히 아바나 일정중에도 '쿠바' 하면 가장 먼저 떠올리는 곳이 바로 혁명 광장입니다. 혁명 광장에 들어서면 '여기가 쿠바구나!'라고 느끼실 수 있을 겁니다. 그리고 쿠바의 느낌이 고스란히 담겨 있는 말레꼰입니다. 넘실거리는 파도를 바라보며 말레꼰을 걷다 보면 쿠바인들의 애잔함을 느끼실 수 있습니다. 다섯째 날 헤밍웨이 일정에서는 헤밍웨이 박물관을 추천해드립니다. 헤밍웨이 박물관으로 이동할 때는 되도록 시내버스를 타는 것을 추천합니다. 시내버스로 이동하시면 쿠바인들 속에서 오롯이 '나'를 느낄 수 있어 여행의 참 묘미를 발견하게 될 것입니다. 헤밍웨이 박물관을 다녀온 후에는 헤밍웨이가 자주 들렀던 라 플로리디따나 보데기따에 들러 모히또 혹은 다이끼리 한 잔으로 목을 축이는 것도 좋을 것입니다. 마지막으로 쿠바의 야경을 보고 싶다면 까바냐 요새를 추천합니다. 가장 멋들어진 아바나의 모습을 가슴 깊이 담을 수 있습니다. 물론 해 질 녘에는 도시 중심의 광장에 들러 물끄러미 그들의 정취도 느껴보시기 바랍니다.

 쿠바를 다녀오시면서 여러 가지 재미있는 에피소드가 많았다고 들었습니다. 재미있었던 에피소드를 하나 소개해주세요.

 쿠바는 사회주의 체제이지만 한류열풍이 있었습니다. 이번 일정중 저는 대부분 쿠바의 민박집인 까사에서 머물렀는데, 까사 주인의 아들딸들을 보는 일이 많았습니다. 우리나라로 따지면 이제 중학생 정도의 어린 친구들이었습니다. 제가 한국 사람이라고 하면 모두들 한국음악을 들려주었습니다. 그 어린 쿠바 친구들이 말입니다. 녹화해둔 비디오나 컴퓨터에 저장되어 있는 한국 가수들의 동영상을 보여주기도 했습니다. 하물며 어떤 여자아이는 한국 아이돌 가수처럼 날씬해지고 싶어 다이어트를 하고 있다고 자랑스럽게 이야기하기도 했습니다. 몇 년 전과는 판이하게 달라진 모습에 저는 깜짝 놀랐습니다. 아바나의 까사 아저씨는 50살이 훌쩍 넘었음에도 싸이의 〈강남스타일〉을 부르면서 춤까지 춰주었습니다. 이런 모습들을 보며 쿠바는 우리가 생각하는 그런 먼 나라가 아니라 훨씬 가까운 나라임을 알 수 있었습니다. 또한 쿠바는 동양의 무술 영화를 좋아합니다. 그래서 동양 남자들은 다 성룡(재키 챈)처럼 붕붕 날아다니는 줄 압니다. 제게도 "성룡을 닮은 것 같다." "너도 성룡처럼 날아다닐 수 있느냐?"라며 질문을 퍼부었습니다. 실제 전 운동과는 거리가 먼 사람인데 괜히 그들 앞에서 폼을 잡느라 진땀을 뺏습니다. 어느 날은 선글라스를 끼고 길거리를 걷고 있었습니다. 그런데 지나가는 쿠바인들이 다들 엄지손가락을 치켜세웁니다. 선글라스 덕분인지 사람들이 이소룡(브루스 리)을 닮았다고 그러는 것이었습니다. 아마 이씨 성을 가진 분이 쿠바 여행을 한다면 이소룡의 친척이라며 난리가 나지 않을까요? 하여튼 쿠바는 재미있고 멋진 나라입니다.

 쿠바 음식이 우리와 잘 맞지 않아서 고생하는 경우는 없나요? 쿠바 음식에 대해 이야기해주세요.

 평생 김치만 먹고 김치 없으면 살 수 없는 사람이 아니라면 쿠바 음식을 먹는 데 불편한 점은 없을 것입니다. 그리고 전 새로운 나라를 구경하고 경험할 때 그 나라 음식을 먹어보지 않는다면 의미가 없다고 생각합니다. 외국인이 우리나라에 와서 김치를 먹고 갈비를 뜯어야 여행이 끝난 후에도 한국이라는 나라에 대해 더 잘 기억하고 추억하는 법입니다. 그러니 억지로라도 그 나라의 음식은 꼭 경험해보아야 한다고 생각합니다. 쿠바는 닭고기를 재료로 한 음식도 많고, 무엇보다 4면이 바다로 둘러싸인 섬나라이다보니 한국에서 비싼 가격 때문에 자주 먹을 수 없는 랍스타도 쉽게 먹을 수 있습니다. 만약 여행중 칼칼한 매운 음식을 먹고 싶다면 종업원에게 매운 소스를 달라고 하면 됩니다. 쿠바는 역사적인 이유로 스페인과 아프리카 음식이 교묘히 섞여 있습니다. 닭고기, 돼지고기, 소고기로 만든 변형된 요리들도 많습니다. 닭고기 스프나 쌀밥 위에 검은콩(프리홀)죽을 올려 먹기도 하고, 돼지고기나 닭고기를 튀겨서 먹기도 합니다. 우리가 쉽게 접할 수 있는 음식들이 대부분입니다.

Q 쿠바는 사회주의 국가이기 때문에 위험할 것이라는 생각이 많습니다. 실제 쿠바는 어떤가요? 주의해야 할 점이 있다면 말씀 부탁드립니다.

A 오히려 사회주의 국가이기 때문에 더 안전합니다. 거리 곳곳에는 항시 경찰들이 상주해 있습니다. 한국 여행자들은 그들과 피부색이 다르다 보니 선입견을 가지고 지레 겁부터 먹는 게 사실입니다. 하지만 제가 여행을 다니면서는 한 번도 나쁜 일이 없었습니다. 제가 남자라서 그렇다고요? 아닙니다. 오히려 여성분들이 여행하기가 더 좋은 나라가 쿠바입니다. 쿠바 남자들은 여성분들에게 더 친절하고 상냥합니다. 물론 가끔 치근덕거리는 불편한 친구들도 있지만 일상적으로 친절합니다. 단, 어느 여행지에서나 그렇듯 저녁에 어두운 골목길이나 구석진 곳을 다닐 때는 조심해야 합니다. 경제적으로 어려움이 있고 여행자들은 값진 물건을 가졌다고 판단하기 때문에 소매치기가 있을 수 있습니다. 하지만 대체적으로 우리가 생각하는 것만큼 위험하진 않고 여행하기에 편한 나라입니다.

Q 쿠바를 여행할 여행자들에게 꼭 해주고 싶은 이야기가 있다면 어떤 것들이 있나요?

한번 떠나보라고 이야기하고 싶습니다. 만날 집 주위에서 동네만 돌아다니다 보면 다른 동네가 얼마만큼 더 편한지 더 구경할 거리가 많은지 모릅니다. 다른 동네로 넘어가는 고갯길이 힘들 뿐이지 고갯길만 넘으면 우리가 생각하는 것보다 훨씬 많은 세상이 기다리고 있습니다. 떠나 보십시오! 우리와 문화권이 비슷하고 생김새가 비슷한 가까운 나라보다 바다 건너 지구 반대편의 나라로, 그리고 무엇보다 그들만의 독특한 매력을 가진 나라로 말입니다. 여행에서 돌아올 때쯤이면 가슴 뿌듯한 추억들로 당신의 심장은 뛰고 있을 겁니다. 여행은 준비한 만큼 내어준 다고 했습니다. 두려워 말고 이 책만이라도 자세히 숙독한다면 쿠바 여행은 반드시 당신에게 최고의 선물을 안겨줄 것입니다.

스마트폰에서 이 QR코드를 읽으시면
저자 인터뷰 동영상을 보실 수 있습니다.

* 원앤원스타일(www.1n1books.com)에서 상단의 '미디어북스'를 클릭하시면 이 책에 대한 더욱 심층적인 내용을 담은 '저자 동영상'과 '원앤원스터디'를 무료로 보실 수 있습니다.
* 이 인터뷰 동영상 대본 내용을 다운로드받고 싶으시다면 원앤원스타일 홈페이지에 회원으로 가입하시면 됩니다. 홈페이지 상단의 '자료실-저자 동영상 대본'을 클릭하셔서 다운받으시면 됩니다.

★ 원앤원스타일은 독자의 꿈을 사랑합니다.

잊을 수 없는 내 생애 첫 대만 여행
처음 타이완에 가는 사람이 가장 알고 싶은 것들
정해경 지음 | 값 15,000원

해외여행 경험이 별로 없는 이들도 타이완으로 첫 해외여행을 떠날 수 있게 도와주는 여행정보서 『처음 타이완에 가는 사람이 가장 알고 싶은 것들』가 개정되어 출간되었다. 이 책과 항공권만 들면 누구나 자신감을 가지고 쉽게 타이완으로 떠날 수 있도록 완벽한 가이드를 제시한다. 또한 여행지의 역사부터 최근의 정보까지 빠뜨리지 않고 담고 있으며 직접 눈으로 보지 않더라도 생생하게 그릴 수 있을 만큼 현지의 느낌을 잘 살려냈다.

잊을 수 없는 내 생애 첫 오사카 여행
처음 오사카에 가는 사람이 가장 알고 싶은 것들
정해경 지음 | 값 15,000원

가야 할 곳도 먹어야 할 것도 무척 많은 도시 오사카! 효율적이면서도 제대로 오사카를 여행할 수 있도록 핵심 정보 위주로 2박 3일 일정을 구성했다. 오사카를 지역별로 나누어 한눈에 쉽게 알아볼 수 있도록 했고, 시작점부터 도착점까지 루트를 지도에 표시해두었기 때문에 일부러 시간을 들여 일정을 고민하고 세부 정보를 찾아야 하는 수고로움을 덜 수 있다.

잊을 수 없는 내 생애 첫 상하이 여행
처음 상하이에 가는 사람이 가장 알고 싶은 것들
하경아 지음 | 값 15,000원

짧게는 1박 2일, 길게는 4박 5일 동안 상하이의 구석구석을 도보로 누빌 수 있는 여행안내서다. 상하이로 여행 간다면 반드시 먹어봐야 할 것, 봐야 할 것, 가야 할 곳을 엄선해 꼽았다. 저자가 직접 도보여행을 하며 시작점부터 도착점까지 지도로 표시했기 때문에 여행자의 시선에 맞춘 유용한 정보로 가득하다. 특히 테마별로 상하이를 둘러볼 수 있도록 일정을 묶어 여행하기에 편리하다.

자전거 한 대로 제주도의 진수를 만끽하는 법!
자전거 타고 제주여행
김병훈 지음 | 값 16,000원

대한민국 NO.1 자전거 멘토인 김병훈 대표가 20여 년간 두 바퀴의 자전거로 제주도를 수없이 누비며 찾아낸 제주도여행의 최적의 자전거 코스를 소개한 책이 출간되었다. 제주도 해안코스 13구간과 중산간지대(오름지대, 곶자왈)와 우도까지, 자전거코스 위주로 제주의 구석구석을 소개했다. 특히 저자가 직접 자전거를 타고 여행했기 때문에 라이딩을 즐기면서도 제주도를 충분히 돌아볼 수 있는 유용한 정보들이 가득하다.

One Concept, One Book

미국프로농구를 지배하는 세계적인 농구스타들의 모든 것
우리를 행복하게 하는 농구스타 22인
손대범 지음 | 값 19,500원

이 책은 미국프로농구(NBA)에서 활약하며 전 세계 농구팬들을 흥분하게 만들고 있는 농구스타들에 관한 심층적이고도 흥미진진한 이야기를 우리에게 들려준다. 이 책을 읽으며 선수에서 팀으로, 팀에서 농구 그 자체로 시야가 확대되는 과정을 통해 좀더 재미있게 농구경기를 감상할 수 있게 되리라 믿는다. 화려한 미사여구가 아닌 담백한 말들로 진솔하게 풀어낸 이 책은 대한민국 농구팬들에게 또 다른 지침서가 될 것이다.

쁘띠성형에 대해 꼭 알고 싶은 것들
나는 오늘도 예뻐진다
최경희 지음 | 값 15,000원

이 책은 자신을 사랑하는 사람들이 의학적 도움을 받아 스스로를 가꾸고 자신감을 갖게 해, 행복하게 살아갈 수 있도록 도움을 준다. 쁘띠성형에 대해 궁금한 것도 많고 알고 싶은 것도 많은데 막상 병원에 가서는 제대로 물어보지 못했던 사람들, 막연히 쁘띠성형을 두려워했던 사람들, 짧은 시간 안에 간단한 시술로 예뻐지고 싶은 사람들이라면 이 책을 읽어보길 바란다.

쌍둥이 육아는 한 아이 육아와 완전히 다르다!
일반 육아책에는 없는 쌍둥이 육아의 모든 것
양효석·권소현 지음 | 값 15,000원

임신부터 출산과 육아에 이르기까지 쌍둥이는 단태아와 다른 점이 많다. 특히나 육아노동의 강도는 단지 곱하기 2에 그치는 것이 아니라 곱하기 3 또는 4로 느껴질 정도다. 임신·출산·육아에 대해 쌍둥이를 낳아 키운 저자들이 직접 겪은 첫돌까지의 경험담을 담은 책이 나왔다. 전쟁만큼 격렬한 쌍둥이 육아, 제대로 할 수 있는 노하우를 공개한다.

내 생애 잊지 못할 감동적인 추억
아주 특별한 세계여행
김원섭 지음 | 값 17,000원

우리는 살면서 세계 곳곳을 얼마나 여행할 수 있을까? 수많은 여행지를 직접 다녀오는 일은 쉽지 않다. 하지만 세계 100개국 300여 지역을 여행한 이 책의 저자와 함께라면 충분히 가능하다. 살아가면서 한번쯤은 꼭 가봐야 할 33곳의 여행지에서 겪은 따뜻한 이야기, 그리고 아름다운 풍광을 한 권의 책으로 빼곡하게 담아냈다. 첫 장을 펴는 순간, 당신은 이미 지구별 곳곳을 누비는 자유로운 여행객이 될 것이다.

★ 원앤원스타일은 독자의 꿈을 사랑합니다.

내 인생에 힘이 되어준 히말라야!
히말라야 14좌 베이스캠프 트레킹
김영주 지음 | 값 19,500원

히말라야 14좌 베이스캠프를 모두 다녀온 저자가 히말라야에서 보낸 500여 일의 트레킹 노하우를 담은 '히말라야 트레킹 여행정보서'가 출간되었다. 네팔·파키스탄·티베트까지 히말라야 8천 미터급 14개 봉우리의 베이스캠프를 모두 한 발 한 발 내딛으며 취재했던 것을 모으고, 지면의 제약으로 구체적이지 않았던 내용을 보완했을 뿐 아니라 다양한 이미지도 수록했다.

셀프사주로 나의 미래를 예측한다!
누구나 쉽게 따라 하는 사주풀이
장세엽 지음 | 값 17,000원

한 치 앞도 알 수 없는 인생과 미래를 예측한다는 사주역학의 매력을 응용한 삶의 해답서가 출간되었다. 이 책은 오래전부터 내려온 사주역학이라는 학문에서 용어의 난해성과 해석의 낡음을 현대적 관점에서 해석했으며, 누구라도 자신의 사주를 해석할 수 있도록 쉽고 명쾌하게 정리했다. 특히 사주풀이를 위해 철학관을 찾거나 전문서적을 읽어야 하는 번거로움을 해결해 누구나 자신의 운명을 스스로 풀어볼 수 있을 것이다.

골프를 잘 치고 싶은 사람이라면 꼭 알아야 할 97가지
나에게 맞는 골프는 분명 따로 있다
여민선 지음 | 값 18,000원

이 책은 '나·맞·골', 즉 '나에게 맞는 골프'를 칠 수 있는 현명한 방법을 소개한다. 내 몸의 관절과 근육의 가동성, 유연함, 자세 등 나만의 특성을 알고 그에 맞는 골프 방법을 계획하고 연습하고 실행할 수 있도록 돕는다. 각자의 특성에 맞춰 골프를 소화할 수 있는 쉬운 방법들을 따라 하다 보면, 나만의 테크닉과 나에게 맞는 골프 정석으로 실력 향상을 이룰 수 있을 것이다.

테마있는 명소, 천천히 걷는 힐링여행
내 인생에 잊지 못할 대한민국 감성여행지
남민 지음 | 값 18,000원

이 책은 전 국민의 사랑을 받고 있는 전국의 명소들을 찾아 여행하며 그 명소들이 품고 있는 이면의 이야기들을 들려주고 있다. 여행을 계획하고 있는 사람들에게는 놓쳐서는 안 될 배경지식을 제공하고, 당장 여행을 떠나지 못하는 사람들에게는 간접경험을 제공한다. 각 명소가 품고 있는 역사·인물·사랑 이야기 등 사람 냄새 나는 이야기들을 한 권의 책에 빼곡하게 담았다.

One Concept, One Book

마음대로 먹고 운동에 얽매이지 않는 진짜 다이어트
먹는 습관만 바꿔도 10kg은 쉽게 빠진다
김소영 지음 | 값 14,000원

건강에 대한 관심이 커지며 다이어트는 남녀노소를 막론한 온 국민의 숙원사업이 되어 버렸지만, 쏟아지는 정보 속에서 제대로 된 정보를 선별하기란 쉽지 않다. 이에 건강전도사 김소영 트레이너가 다이어트라는 고통스러운 짐을 덜어주기 위한 가장 현실적인 다이어트 방법을 알려준다. 다이어트를 해볼 만큼 해봤지만 별다른 효과가 없었다면, 극한의 다이어트와 요요를 반복해 겪고 있다면, 이 책을 읽기를 권한다.

우리가 꼭 알아야 할 눈 건강 지식 46가지
병원 가기 전에 꼭 알아야 할 안과질환의 모든 것
오태훈 지음 | 값 15,000원

눈을 어떻게 지키고 보호하는지 그 방법을 알고 싶다면 이 책에 주목하자. 노안·백내장·녹내장·서클렌즈 등 전 연령층을 아우르는 안과질환 정보와 구체적인 치료방법을 담고 있다. 이 책은 일반인에게 안과 지식을 쉽게 알려주면서도 과학적인 정확성을 잃지 않는다. 안과 전문의로서의 깊은 식견과 생생한 임상 경험이 책 전반에 녹아 있어 일반인에게도 쉽게 읽히고 명확하게 이해된다는 점이 돋보인다.

세상을 뒤흔든 세계적인 축구스타들의 모든 것
우리를 행복하게 하는 축구스타 28인
김현민 지음 | 값 19,500원

2014 브라질 월드컵을 빛낼 주인공들을 포함해 전 세계 축구판을 뜨겁게 달구고 있는 스타플레이어들에 관한 심층적이고도 흥미진진한 이야기를 우리에게 들려준다. 이 책에서는 축구를 잘 모르는 사람들은 물론 축구에 해박한 사람들도 같이 즐길 수 있도록, 이름만 들어도 아는 스타플레이어와 함께 국내에 많이 알려지지 않은 축구선수들의 이야기도 함께 소개하고 있다.

한권으로 끝내는 야구의 모든 것
야구가 10배 더 재미있어지는 55가지 이야기
김종건 지음 | 값 18,000원

스포츠 전문기자의 눈으로 본 프로야구의 역사에 남을 불멸의 기록부터 잘 알려지지 않은 에피소드까지 야구를 10배로 즐길 수 있는 55가지 이야기를 날카롭지만 유쾌한 입담으로 들려준다. 국내외 야구에 대한 해박한 지식과 현장에서 직접 지켜본 생생한 이야기는 야구에 재미를 막 느끼기 시작했거나 야구를 깊이 이해하고 즐기려는 사람들 이 야구를 다양한 관점에서 볼 수 있도록 도와주는 지침서가 될 것이다.

★ 원앤원스타일은 독자의 꿈을 사랑합니다.

자전거를 타는 사람이 가장 알고 싶은 81가지
자전거의 거의 모든 것
김병훈 지음 | 값 17,000원

자전거를 탈 때의 올바른 자세, 주행 방법, 점검과 정비 방법, 자전거 포장과 운반 방법까지 이 한 권의 책만 있다면 자전거를 타는 사람들이 알고 싶어하는 궁금증을 해결할 수 있다. 여행지를 찾아가는 방법, 추천 코스, 숙박 시설과 맛집 등을 소개해 직접 자전거를 타고 찾아가는 재미를 선사한다. 또한 자전거길 코스 지도를 특별부록으로 수록해, 지도 한 장만 들고도 자전거 라이딩을 하며 멋진 풍경을 즐길 수 있도록 했다.

아이들과 성에 대해 어떻게 이야기를 나눌까?
우리 아이 성교육에 대해 꼭 알아야 할 50가지
린다 에어 · 리처드 에어 지음 | 이자영 옮김 | 값 15,000원

이 책은 자녀를 둔 부모에게 최고의 성교육 지침서다. 미취학 아동부터 고등학생 청소년에 이르기까지 이 책에 제시된 대로 부모와 아이가 대화하고 토론한다면 아이에게 건전하고 올바른 성의식을 심어줄 수 있다. 부모들은 아이들을 위해 이 책을 읽으면서 자신부터 성에 대해 가치관을 제대로 세우고, 이 책의 내용 중에서 동의하는 부분에 대해서 아이와 대화하고 토론하면서 자연스럽게 성교육을 할 수 있을 것이다.

행복을 부르는 특별한 시간, 아이랑 요리하기
아빠와 아이가 함께 만드는 힐링요리
김소영 지음 | 값 15,000원

아빠와 아이가 함께 만들 수 있는 쉽고 간단한 레시피를 소개하는 요리책이다. 평소 요리를 많이 해보지 않았던 아빠가 책을 보며 아이와 함께 쉽게 요리할 수 있도록, 친절한 설명과 자세한 사진으로 구성했다. 아이와 아빠가 즐겁게 만들 수 있는 다양한 동서양 음식 레시피 42가지를 소개한다. 또한 요리 과정에서 아빠와 아이가 역할을 잘 나누어 따라 할 수 있게끔 설명한다.

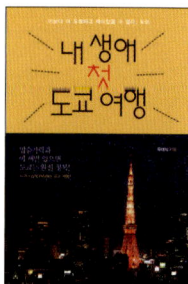

유쾌하고 신 나는 내 생애 첫 도쿄 여행
내 생애 첫 도쿄 여행
우대식 지음 | 값 14,000원

이 책은 일본에 대해 거의 아는 것이 없었던 저자가 용감하게 도쿄를 여행한 여행기이자 가이드다. 서점에서 흔히 읽을 수 있는 특별한 사람이 만든 특별한 책이 아닌 바로 주위의 평범한 사람이 어떻게 여행을 준비하고 일정을 정했는지, 5박 6일 동안 도쿄를 어떻게 여행했는지 여행을 하는 동안 뭘 먹었는지 등 도쿄 자유 여행의 모든 노하우와 정보가 쉽게 설명되어 있다.

One Concept, One Book

아프기 전에 실천해야 할 건강지식 64가지
우리가 미처 몰랐던 건강에 대한 진실
헬스경향 지음 | 값 15,000원

건강신문 기자들이 현장 취재를 통해 발굴한 64가지 건강정보가 담긴 책이다. 쏟아지는 건강정보의 숲에서 길을 잃은 이들을 위해서, 분야별 여러 전문가들의 의견을 담아 어느 한쪽에 치우치지 않는 다양하고도 객관적인 질병 예방법과 해결책을 동시에 제시했다. 전문용어는 최대한 줄이고, 어려운 용어는 알기 쉽게 풀이해서 질환에 대한 전문적인 정보를 누구나 잘 이해할 수 있도록 전달한다.

인물 드로잉, 손쉽게 따라 그릴 수 있다
누구나 쉽게 따라 하는 인물 스케치 작품집
김용일 지음 | 값 25,000원

출간 즉시 중국에 판권을 수출하는 등 독자들의 사랑을 받아온 『누구나 쉽게 따라 하는 인물 스케치』의 작품집이 출간되었다. 책 크기가 작아 따라 그리기 쉽지 않았을 독자들을 위해 책 판형을 크게 키우고 과정작을 한눈에 볼 수 있도록 배치했다. 인물화 작품 크기가 시원하게 커진 덕분에 묘사의 정도, 질감의 표현, 공간감 등을 알기가 쉬워져 따라 그리기 편하다.

행복을 부르는 감정조절법
왜 나는 감정 때문에 힘든 걸까
김연희 지음 | 값 14,000원

감정이란 무엇이고, 어떻게 해서 생겨나며, 감정을 효과적으로 잘 처리하는 방법은 무엇인지 뇌과학·진화심리학·정신건강의학·정신분석학적 지식에 바탕을 두고 소개하는 책이다. 이 책은 크게 3단계에 걸쳐 감정을 이해하고, 분석하고, 대처 방법을 살펴본다. 각 단계별로 읽으며 감정을 알아가다 보면 복잡해 보이기만 하던 주변 문제와 상황을 해결할 수 있는 실마리를 찾을 수 있을 것이다.

스마트폰에서 이 QR코드를 읽으면
도서목록과 바로 연결됩니다.

독자 여러분의
소중한 원고를 기다립니다

★ 원앤원스타일은 독자 여러분의 소중한 원고를 기다리고 있습니다. 집필을 끝냈거나 혹은 집필 중인 원고가 있으신 분은 khg0109@hanmail.net으로 원고의 간단한 기획의도와 개요, 연락처 등과 함께 보내주시면 최대한 빨리 검토한 후에 연락드리겠습니다. 머뭇거리지 마시고 언제라도 원앤원스타일의 문을 두드리시면 반갑게 맞이하겠습니다.